www.ingramcontent.com/pod-product-compliance
Lightning Source LLC
LaVergne TN
LVHW010335070526
838199LV00065B/5750
* 9 7 8 9 3 6 9 0 8 5 7 4 3 *

اگلا ورق

(نظمیں)

بلراج کومل

© Balraj Komal

Agla Waraq *(Nazmein, Poetry)*

by: Balraj Komal

Edition: January '2025

Publisher :

Taemeer Publications LLC (Michigan, USA / Hyderabad, India)

ISBN 978-93-6908-574-3

9 789369 085743

مصنف یاناشر کی پیشگی اجازت کے بغیر اس کتاب کا کوئی بھی حصہ کسی بھی شکل میں بشمول ویب سائٹ پر اَپ لوڈنگ کے لیے استعمال نہ کیا جائے۔ نیز اس کتاب پر کسی بھی قسم کے تنازع کو نمٹانے کا اختیار صرف حیدرآباد (تلنگانہ) کی عدلیہ کو ہو گا۔

© بلراج کومل

کتاب	:	**اگلا ورق** (نظمیں)
مصنف	:	**بلراج کومل**
صنف	:	شاعری
ناشر	:	تعمیر پبلی کیشنز (حیدرآباد، انڈیا)
سالِ اشاعت	:	۲۰۲۵ء
صفحات	:	۱۴۴
سرورق ڈیزائن	:	تعمیر ویب ڈیزائن

اگلا ورق (نظمیں)   بلراج کومل

شمس الرحمٰن فاروقی کے نام

بلراج کومل کا جنم ۲۵ ستمبر ۱۹۲۸ء کو سیالکوٹ (پاکستان) میں ہوا۔ انہوں نے اپنے ادبی سفر کا آغاز ۱۹۴۸ء میں شاعری سے کیا اور اب ان کا شمار ہند و پاک کے ممتاز و معروف اردو شعرا میں ہوتا ہے ـــــ پچھلی پانچ دہائیوں میں انہوں نے اپنی خلاقانہ صلاحیتوں کو صرف شاعری تک محدود نہیں رکھا بلکہ بڑے فعال انداز میں ان کا دائرۂ عمل تنقید، افسانہ، ترتیب و تالیف، انگریزی میں طبع زاد اظہار اور اردو، ہندی یا انگریزی میں ترجمہ کی حد تک وسیع تر کر دیا ہے۔ شاعری، افسانہ، تنقید، تراجم ـــ کل ملا کر ان کی اٹھارہ کتابیں شائع ہو چکی ہیں۔ وسیع المطالعہ ہیں اور ادب اور ادبی مسائل پر گہری نظر رکھتے ہیں۔ عصری ادب ان کی خصوصی توجہ کا مرکز رہا ہے اور اس سلسلے میں ان کے مضامین کو ادبی حلقوں میں بڑی قدر کی نگاہ سے دیکھا جاتا ہے۔ بلراج کومل قومی اور عالمی سطح کے ادبی سیمناروں، مذاکروں، مشاعروں اور اس نوع کی شعری اور ادبی نشستوں میں مختلف موضوعات پر اپنے مضامین اور شعری اور نثری تخلیقات پیش کر چکے ہیں۔ بلاشبہ وہ ہمارے دور کی ہمہ جہت ادبی شخصیات میں سے ایک ہیں۔

بلراج کومل اتر پردیش اردو اکادمی، میر اکادمی لکھنؤ اور وزارت تعلیمات حکومت ہند اور دہلی اردو اکادمی سے اعزاز یافتہ ہیں۔ ۱۹۸۵ء میں انہیں ممتاز ادبی اعزاز 'ساہتیہ اکادمی ایوارڈ'، سے نوازا گیا۔ دہلی میں مقیم ہیں اور تخلیقی اور ادبی کام سے منسلک ہیں۔

ترتیب

دیواریں	۱۱
طویل، سرد رات	۱۳
اس کا دوسرا سفر	۱۵
بشارت کے بعد	۱۷
ایک تماشا، ایک قصہ	۱۹
اتفاق	۲۱
جلتی ہوئی تصویر	۲۳
فصل	۲۶
ثانوی ترجیح	۲۸
سرِ راہ گزر ایک منظر	۳۰
طفیلیا	۳۲
دوسری عورت	۳۴
بالاقساط	۳۶
شاید	۳۸
وارڈ	۴۰
ترجمان	۴۲
سعادت	۴۴
ضیافت	۴۶
ترسیل	۴۸

اگلا ورق (نظمیں) — بلراج کومل

دلہن	۵۰
اک گلِ تازہ کہیں باقی ہے شاید	۵۲
میں اور وہ	۵۴
بال و پر	۵۶
دیدۂ تر	۵۹
نامکمل	۶۱
ہمارے شہر کی ایک نظم	۶۳
ایک پُراسرار صدا	۶۵
خط لکھوں گا آج میں	۶۶
رقص	۷۲
سرگوشی	۷۴
میں، ایک اور میں	۷۶
میہمان نواز	۷۸
تصویریں	۸۰
تحلیل	۸۱
بریل	۸۳
کل	۸۴
بے سمت	۸۶
تیزاب کی بارش	۸۸
ثبات	۹۰
جشنِ صدا کے مناظر میں پرندے	۹۲
میرا دُور کا لمبا سفر	۹۴
سیلانی	۹۶
تیرگی کی یورشوں کے درمیاں	۹۸
یہ لمحہ، یہ جاگتا لمحہ ایک ستارہ	۱۰۰

اگلا ورق (نظمیں)   بلراج کومل

صفحہ	عنوان
۱۰۱	کہیں تو کوئی پیڑ ہوگا
۱۰۴	روندتے قدم
۱۰۶	وہ رات
۱۰۸	بازیافت
۱۱۰	دور تک گونجتی ایک صدا
۱۱۲	روشنی، روشنی
۱۱۴	گم شدہ کی تلاش
۱۱۶	ایک بگڑی ہوئی تصویر
۱۱۸	سات، دو اور ایک
۱۲۰	ماں
۱۲۲	نوروز
۱۲۳	سارے موسم بیت گئے
۱۲۶	لہو لہو کپاس
۱۲۷	بال بھر کا فاصلہ
۱۲۹	گریۂ سگاں
۱۳۱	دیمک
۱۳۲	ایک پرانی تصویر
۱۳۴	سرخ بادل
۱۳۶	آگ
۱۳۸	مقدمہ
۱۴۱	پرچم سرنگوں
۱۴۳	جشن

اگلا ورق (نظمیں)   بلراج کومل

اگلا ورق

نظمیں

بلراج کومل

دیواریں

کہتے ہیں سب لوگ
ہوتے ہیں
دیواروں کے کان
کمروں کی تنہائی میں
سرگوشی میں کیا کیا باتیں کرتے ہیں
چھپ چھپ کر جب لوگ
دیواریں سب سن لیتی ہیں
سن لیتے ہیں لوگ

دیواروں کی آنکھ بھی ہوتی
کتنا اچھا ہوتا
آنکھ ہے کان سے بہتر شاید
کمرے کا ہو یا پھر چلتی راہ گزر کا
نظارہ تو نظارہ ہے

منظر آخر منظر ہے
کیا کیا کرتے لوگ
دیکھا کرتے لوگ
دیواروں کے باہر سے
تاریکی میں دیواروں کی جانب جب بھی قدم اُٹھاتے
لمحہ بھر کو، ممکن ہے
سوچا کرتے لوگ

سنہ ۱۹۸۷ء

طویل، سرد رات

طویل سرد رات کی سیاہیوں میں
کچھ الاؤ جل رہے ہیں
ان کے گرد لوگ
قہقہوں کے، آنسوؤں کے درمیان
اپنی داستان کہہ رہے ہیں
کون سُن رہا ہے؟ کون جاگتا ہے؟ کون سو رہا ہے؟
کوئی جانتا نہیں
الاؤ یہ اگرچہ لوگ کہہ رہے ہیں: آگ کے الاؤ ہیں
مگر یہ صرف آتش وبال میں گھرے ہوئے
سیہ، سفید کاغذوں کے ڈھیر ہیں
اور ان کے گرد ایستادہ، نیم جاں، برہنہ جسم
روشنی میں، دن کی زرد روشنی میں
دفتروں، عمارتیں، گھروں کی کھڑکیوں سے
رہ گزر پہ گرنے والے ان فسردہ چیتھڑوں کو ہاتھ سے
بٹورتے ہیں، جمع کرتے ہیں تمام دن

کہیں پہ ان میں ذرا ٹچے نصیب کے نہاں ہیں
چند خود فریب سوچتے ہیں
سرد تیرگی میں، رات کو گمریہ
کاغذوں کے ڈھیر
صرف عارضی سے کچھ الاؤ
گرم لوریاں، دھواں
کنا پھٹا ہوا کثیف سا دھواں

یہ رات بھی گزر گئی
بجھی بجھی سی دن کی روشنی میں
بال وپر سے بے نیاز
کاغذوں کے ان گنت پرند، طائران بے مراد
گر رہے ہیں، پھر سروں پہ، بستیوں میں
رہ گزر کی بھیڑ میں
تمام ہاتھ پھر لپک رہے ہیں
جمع کر رہے ہیں ایک بار پھر غلیظ چیتھڑے
سیاہ رات کے لئے
طویل سرد آنے والی ایک اور رات کے لئے

۱۹۸۷ء

اس کا دوسرا سفر

حسین چہرے، شگوفے، قہقہے، نغمے
جواں جسموں کے رنگیں زاویے
سرگوشیاں کرتے ہوئے اسرار
لذت کے، تمازت کے
گزرتے موسموں کے سارے ہنگامے
سلگتی دھوپ کے جلتے ہوئے
آگے پیچھے دوڑتے کچھ بدگماں سائے

سفر کے بعد وہ
لمبے سفر کے بعد وہ
سب نعمتیں ہمراہ لایا تھا

یہاں اک پیڑ تھا۔ اس موڑ پہ
وہ جل گیا شاید
گھروں میں لوگ تو آباد تھے
کچھ اجنبی، کچھ غیر تھے لیکن

نشیبِ عمر میں

برگِ صدا کو نوچتے
کچھ جانے پہچانے بھی تھے
لمحوں کی یورش میں بکھرتی
آخری موہوم سی تصویر کے
کچھ بے زباں ٹکڑے

وہ رویا تھا بہت
پھر شہر کی مصروف سڑکوں پر
کسی کھوئے ہوئے کو
دُور سے آواز دیتا تھا
وہ روز و شب کسی تازہ سفر میں تھا

۱۹۸۷ء

بشارت کے بعد

اس کے دونوں ہاتھ تھے مصروفِ کار
اک طلسمی خواب زار
روز و شب چلتا تھا اس کے ساتھ ساتھ
رفتہ رفتہ آفتاب و ماہتاب
سارے رخشندہ نجوم
اس نے اپنی انگلیوں سے نوچ کر
جیب و داماں میں فروزاں کر لیے

ایک روز
اس کو یہ رنگیں بشارت بھی ہوئی
مٹھیوں میں بند ہے اس کی متاعِ دو جہاں

یہ پرانی داستاں ہے، راستے کے موڑ پر امروز وہ

نصب ہے

ننھی سا ایک 'اوزی ہینڈی' اُس،
نقش پارینہ نہیں
حرف تازہ بھی نہیں
صرف طوفانِ بلا ہے، اور وہ
مٹھیاں تو بند ہیں
اس نے ان میں، سیم وزر دونوں جہاں کے
سب سمیٹے تھے
یہ اس کے سامنے
اس کی ہی بے بس انگلیوں سے
چھن کے گرتی ریت
آئی تو کہاں سے آئی ہے

۱۹۸۷ء

ایک تماشا، ایک قصہ

آج شہرِ ناروا کی بھیڑ میں
ایک عورت
حادثے میں ہوگئی ہے جاں بحق

لاش لاوارث پڑی ہے
اس کو گھیرے میں لیے جو لوگ ہیں
سب تماشائی ہیں۔ اس کا کوئی بھی اپنا نہیں ہے

ایک ہی ہے اس کا کاندھا
بد نما سے گوشت میں لپٹا ہوا
رہ گزر پہ اک عجب انداز سے
جو لڑھکتا جا رہا تھا، وہ اپاہج
رک گیا ہے پاس اس کے
دیکھتا ہے، نوچتا ہے بال، سینہ پیٹتا ہے، چیختا ہے:
"جوشِ رنجش میں
زمانہ ہوگیا
مَیں نے کہا تھا
اپنی بوڑھی ماں سے مَیں نے ہی کہا تھا

تجھ کو موت آئے گی جب تو
مَیں نہیں دوں گا تجھے کاندھا
تو میری ماں نہیں ہے ، ماں نہیں ہے
غیر آئے
آخری اس کے سفر میں
اپنے کاندھوں پر جب اس کو لے گئے تھے
مَیں ادھورا ہو گیا
مَیں اپاہج ہو گیا
یہ جو لاوارث پڑی ہے یہ بھی کوئی
ماں ہے
اب مَیں دوں تو کاندھا اپنا کیسے اس کو دوں ۔"

دیکھتا ہے ، نوچتا ہے بال ، سینہ پیٹتا ہے ، چیختا ہے
ایک خاکہ ، ایک چربہ ، یہ اپاہج ، یہ ادھورا آدمی
اجنبی سے شور میں
اک تماشا بن گیا
ایک قصہ بن گیا

۱۹۸۷ء

اتفاق

تمام لوگ ابتدا میں
ایک دوسرے کے سامنے
ہجوم میں دکھائی دینے والے کچھ نشاں
محض اجنبی
پھر ایکا ایکی معجزہ طلوع کا
اور ایک روئے آفتاب
بادلوں کے پار سے نکل کے روبہ رو
خرام ورز کو بہ کو

پرانا شہر
وقتِ شام
پھیلتا، امڈتا، اجنبی ہجوم
ہاؤ ہو کے درمیان معجزہ ہوا

اور ایک مضطرب، حسین، رُوئے دِل گداز
میرے جسم و جاں میں دیکھتے ہی دیکھتے سما گیا
وہ روشنی تھا، موجِ آفتاب تھا
بس اک نظر میں جیسے مَیں نے اس کو پالیا
مَیں دَم بخود سا رہ گیا
یہ حادثہ تھا، واقعہ تھا، کیسا اتفاق تھا
طلوعِ نور کے جلو میں
اک طویل، پُرخطر سیاہ رات
شہر میں اتر گئی

سنہ ۱۹۸۸ء

جلتی ہوئی تصویر

وہ طوفاں کی طرح گزرا
چہکتے، بولتے، ہنستے
گھروں کو روندتا
ان کے مکینوں
ماؤں، بہنوں، بیٹیوں کو
کھیلتے بچّوں کو، خوابوں کو جلاتا
قتل کرتا
سارے رشتوں کو فنا کی نذر کرتا
وہ سفر کے موڑ تک پہنچا
بڑا تاریک اور لمبا سفر تھا
تھک گیا تھا وہ سفر میں
اس کو گھر آنا تھا
گھر تک آ گیا آخر

یہ اُس کا اپنا گھر تھا

جانا، پہچانا

وہی آنگن تھا
روشن دھوپ
آنگن میں اتر آئی تھی
خوشبو تھی، نہ بدبو تھی
مہک کچھ خون کی سی تھی
خموشی تھی عجب سی
سُرخ بارش کے پریشاں زاویے
دیوار و در پر چلچلاتے تھے
بریدہ جسم، چہرے اور اعضا
چار سو بکھرے ہوئے تھے
ماں، بہن، بیٹی، رفیقِ زندگی
برگد کا برسوں کا پُرانا پیڑ
ننھا سا وہ پودا
جس کو اُس نے اپنے ہاتھوں سے لگایا تھا۔
یہ سارے لوگ
اس کے گھر پہنچنے تک
نکل کر جا چکے تھے
آخری اپنی مسافت میں

سفر تھا دائرے کا
موسموں کی یورشوں میں
بیج کیسا، فصل کیسی
ایک شعلہ تھا

یا نقش سوختہ تھا
ایک سیلاب بلا
وہ کون تھا ؟ کیا تھا ؟

سفر تھا دائرے کا

ایک برگ بے اماں
جلتی ہوئی تصویر تک پہنچا
بھیانک خواب کی
تعبیر تک پہنچا

۱۹۸۸ء

فصل

باہر سے آنے والے
معمول تھا
جب بھی گھر کے اندر آتے تھے
دروازے پر
دستک دے کر آتے تھے
آواز لگا کر آتے تھے

یہ پاس کا گھر
اب بہت دنوں سے سونا ہے
سُنتے ہیں، کچھ روز ہوئے
مہمان کوئی
اس گھر میں رات کو آیا تھا
وہ دستک سے
آواز سے
دونوں رسموں سے آزاد تھا شاید
باہر کی دیوار پھاند کر گھس آیا
شب بھر وہ گھر
روشن چہروں والے اس خوش رنگ مکیں
تعظیم میں رہ جائے نہ کمی

شعلوں پہ عنایت کرتے رہے
اپنے ہی خون سے مہماں کی
بھرپور ضیافت کرتے رہے

سورج اب سر پر آیا ہے
مہمان، میزباں — کوئی نہیں
دستک، آواز یا سرگوشی
سب بھولی بسری باتیں ہیں
اب دروازوں پر خاموشی
اب سونی سونی گلیوں میں
اُڑتے تنکے
اب چاروں طرف لُو کے جھونکے
یہ فصل تو مہماں کاٹ چکا
یہ فصل وہ اپنے ساتھ سمیٹ کے جا بھی چکا
اب چٹیل بنجر دھرتی میں خودرو پودے
اب اگلی فصل کا کیا ہوگا
موسم اب ایک سا رہتا ہے
اب اگلا موسم کوئی نہیں
اب اگلا موسم کوئی نہیں
اب اگلی فصل کا کیا ہوگا؟
اب اگلی فصل کا کیا ہوگا؟

۱۹۸۱ء

ثانوی ترجیح

طلوعِ جام میں
جب ڈوبتے سورج کو نیں کرتا ہوں
ہاتھوں سے فروزاں
مختصر سایہ خمارِ آفتابی
ڈوب جاتا ہے
فرازِ تیرگی میں
صبح تک میرے دل وجاں
دیکھتے ہیں دور تک پھیلے
مناظر خاک وخوں کے
آگ میں جلتے جزیروں کے

چلو اچھا ہوا لمبی مسافت میں
زوالِ عمر کے جس موڑ پر
تم مشتہر آسائشوں کی دوڑ میں شامل ہوئیں

اس موڑ پہ
ہر ثانوی ترجیح
ہم دونوں کی
شاید آخری ترجیح ٹھہری تھی

چلو اچھا ہوا

میں دن میں سوتا ہوں
سنہری دھوپ سر پہ اوڑھتا ہوں اور سوتا ہوں
ہمیشہ ساتھ سونے، مسکرا کر ساتھ اُٹھنے کا
تکلف ہو گیا گزرا ہوا قصہ
غبارِ رنگ و بُو میں تم اگر جاؤ گی، آخر کون سی منزل کو پاؤ گی
کفن باندھے ہوئے نکلا بھی میں تو کون سے دشمن سے لڑنے گھر سے جاؤں گا

۱۹۸۹ء

سرِ راہ گزر ایک منظر

قفس کا در کُھلا، اک نیم جاں، کم سِن
پرندہ، چند خستہ زائچوں پر، رقص کے انداز میں آگے
بڑھا، پھر چونچ سے اپنا پسندیدہ
مصوّر زائچہ اس نے اٹھایا اور اپنے ہی
ہدایت کار کے آگے
ادب سے رکھ دیا جُھک کر
ہدایت کار گرچہ نور سے تھا بد گماں، محروم، ناخواندہ
سرِ سیلِ رواں اک برگِ بے مایہ
نوشتِ بخت کے اسرار سے واقف تھا وہ شاید
نظر کے روبرو اس نے
متاعِ بے نہایت کے فسانے سے مجھے خوشحال کر ڈالا
مجھے پامال کر ڈالا

سبھی موجِ ضیا میں تھے

۳۰/ بلراج کومل

سبھی کے چشم و دل میں ایک شعلہ تھا
سبھی خاموش، گم صم ہیں
یہاں سے کون جائے گا
یہاں پر کون آئے گا
پرندہ، نیم جاں، کم سن
قفس میں جا چکا کب کا
ہدایت کار کی آنکھوں میں لوٹ آئی ہے ویرانی
جو کل خالی تھا، وہ دستِ طلب ہے آج بھی خالی
لبوں پر لطف اندامِ نہاں کی ان سنی گالی

۱۹۸۸ء

طفیلیا

ایک خودرَو سا پودا، گلی میں مری
دیکھتے دیکھتے
بیل کی شکل میں ڈھل گیا
بیل کچھ روز ننگی زمیں پر پریشاں رہی
ایک دن اتفاقاً، پڑوسی کی اس پر نظر پڑ گئی
اس کو فوراً گماں ہو گیا
پھول اس پر کھلیں گے، ثمردار ہو گی کسی روز یہ
فیض پائیں گے گھر کے مکیں
بے سہارا کو اس شخص نے اپنی دیوار کا جب سہارا دیا
بیل بڑھنے لگی
چند ہی روز میں
رفعتِ بام تک وہ گئی
ایک انگڑائی لے کر پھر اطراف میں چل پڑی
اس کی باہوں میں آخر پڑوسی کا گھر اور گھر کے مکیں آ گئے
بیل پر سارے دیوار و در کو شب و روز کھاتے ہوئے

چار جبڑے اُگے
پھول اور پھل تو قسمت میں ان کی نہ تھے
لوگ، گھر کے سبھی لوگ، اعضا سے محروم ہوتے گئے
مسخ، مذموم ہوتے گئے

اب مکاں اور مکیں کوئی باقی نہیں
اب صدا کوئی ہنسنے کی، رونے کی آتی نہیں
اب بَہُو سی کی پالی ہوئی بیل کی
چند شاخیں مرے گھر کے اندر اتر آئی ہیں
گامزن ہو گئی ہے وہ اگلے سفر کے لئے
سبز شاخوں میں خونخوار سی
صورتیں کچھ ابھر آئی ہیں

سنہ ۱۹۸۸ء

دوسری عورت

وہ عمر کے
اس مقام پر تھی
جہاں سے آگے
دکھائی دیتی ہے صرف چٹیل زمین، بنجر، اداس مٹی
وہ اس حقیقت کو جانتی تھی
مگر وہ سیلابِ آتشیں کی طرح رواں تھی
وہ خوش ادا تو
رہی تھی برسوں سے، اب وہ لیکن
لباس خوش رنگ، ایک سے ایک شوخ تر زیب تن کئے
نئی رنگ و بو میں
ہزار عشووں کو آئنوں میں اتارتی تھی

میں یاد کرتا ہوں اک زمانہ
گزر گیا، ایک روز اس نے
کہا تھا مجھ سے
کہ تم مرے ساتھ جو بھی چاہو وہ کر لو۔ تم کو
مری اجازت ہے
میں کسی اور موڑ پر
جانے کب ملوں گی
کہاں ملوں گی

وہ کل سر راہ اتفاقاً ملی تھی مجھ کو

۱۹۶۸ء

بالاقساط

جب سلیقے سے جینے
سلیقے سے مرنے
کی باتوں سے گھبرا گئے لوگ
پھر مرحلہ یہ پڑا
وہ معلق تھے بنجر فضا میں
قضا کے مضافات میں
ابر گرجا
تو ان کو یہ اکثر لگا
باد و باراں کے موسم میں
قوسِ قزح کی شرارت سے
مغموم ہیں
ہر گرجتا ہُوا ابر
سر سے گزرتا ہُوا
دُوسرے دیس کو چل دیا

چاندنی، دھوپ، رنگِ شفق، تیرگی
نرم، تازہ، ملائم صبا
زیر و بم موسموں کے دلآویز تھے
لوگ کیسے عجب لوگ تھے
جذبِ آتش نوا تو بڑی دور کی بات تھی
ریت کا ذائقہ

وہ دل و جاں میں
تحلیل کرتے رہے

کیسے بدبخت تھے
موت کا جشن تو
خوش نصیبوں کا جشنِ مسرت رہا

وہ بالاقساط
تاریکیوں میں اُترتے رہے
وہ بالاقساط
دن رات مرتے رہے

۱۹۸۸ء

شاید

کچھ لوگ
جو میرے دل کو اچھے لگتے تھے
عمروں کے ریلے میں آئے
اور جا بھی چکے
کچھ دھندوں میں مصروف ہوئے
کچھ چوہا دوڑ میں جیت گئے
کچھ ہار گئے
کچھ قتل ہوئے
کچھ بڑھتی بھیڑ میں
اپنے آپ سے دُور ہوئے
کچھ لوٹ گئے، کچھ ڈوب گئے

مجھ پر یہ خوف اب چھایا ہے
مَیں کِس سے مِلنے جاؤں گا
مَیں کس کو پاس بلاؤں گا

آندھی ہے، گرم ہوا ہے، آگ برستی ہے

کچھ دیر ہوئی

اک صورت، شبنم سی صورت
اس تپتی راہ سے گزری تھی
دو بچے پیڑ کے پتوں میں چھپ کر بیٹھے تھے
ہنستے، شور مچاتے تھے
اک دوست پرانا
برسوں بعد ملا مجھ کو
اس جلتے دن کی
صبح کچھ ایسی روشن تھی
جب بادِ صبا، وارفتہ رَو
خوشبوؤں، نغموں، ننھی منی باتوں کا
انداز لئے آنگن میں چلی
مَیں زندہ ہوں
یہ سوچ کے خوش ہو جاتا ہوں
وہ تھوڑی دیر تو میرے پاس سے گزری تھی
وہ میرے دل میں اتری تھی
اس بے محرم سے موسم میں
شاید وہ کل بھی آئے گی
شاید وہ کل بھی میری راہ سے گزرے گی

سنہ ۱۹۸۸ء

وارڈ

وارڈ کا ، اس وارڈ کا
نام یا پھر کوئی نمبر — کچھ نہیں
اسپتال ؟
قید خانہ ؟
کون بتلائے ، کسی کو یارہ فرصت نہیں
اس کے طول و عرض میں
تیرتا ہے روز و شب ، شورِ سلاسل
چار سو
کرب کا طوفان ، سیلِ آہ و گریہ
دھند میں تحلیل ہوتی صورتیں
ماندگی ، پا بستگی ، بے نام سی اک برہمی
ہاتھ میرا — ایک بستر پر پڑا ہے
اور بازو ، پاؤں ، ٹانگیں
دوسرے پر ہیں دراز
سرابھی کچھ دیر پہلے

۳۰ / بلراج کومل

دستِ نشتر کے زبوں میں
ہو گیا تھا منتشر
سینہ و دل کی جراحت کو قرار
کون دے؟ تاریک بام و در! یہاں اب کون دے؟

یہ مسیحا اور کمیں
قاتل و مقتول سب
میرے اپنے، میری اپنی داستاں
قتل گاہوں سے ہیں آگے
اور باہر قتل گاہیں اب بھی ان کی منتظر
ایک سیلاب بلا
کس کے گھر اور کون سے گھر جائے گا
کس کے گھر اور کون سے گھر جائے گا
جاں کنی میں ایک لمحہٴ ولادت
درد زہ کی یورشوں میں چُور چُور
اور دُعا، ظرفِ دُعا، حرفِ جزا سے
ہو گئی ہے کتنی دُور..... کتنی دور....!!

1988ء

ترجمان

بند کمروں میں ہے جاری
اہلِ ثروت کا وفورِ گفتگو
رہ گزاروں پر، ہجومِ بے اماں کا احتجاج
کون زندہ؟ کون مُردہ؟
کس کی دھڑکن؟
کس کے دِل کی خامشی

دیدۂ تاریک میرا ترجماں
خواندگی، ناخواندگی کے درمیاں
اس نے سب کے سامنے
معجزہ سا کر دیا
مَیں نے دردِ دِل لکھا

اگلا ورق (نظمیں)　　　　　　　　بلراج کومل

اُس نے دردِ سر پڑھا
قتل بھی مجھ کو کیا
مَیں جو کام آیا تھا راہِ نُور میں
صُبح کے اخبار میں
صیغۂ ابلاغ میں
مختصر قصّہ کیا
خودکشی کے مشتہر الزام سے
مجھ کو رُسوا کر دیا

۱۹۸۸ء

اگلا ورق / ۴۳

سعادت

سعادت کی امی نے پچھلے برس کی
دعاؤں کے باعث
یہ سوچا تھا اب کے برس کوئی اعجاز ہوگا
فرشتہ کوئی آسمانوں سے اترے گا شاید
زمیں کے فراموش، محروم لوگوں کی خاطر
طلوعِ بہاراں کا ہنگام ہوگا۔

سعادت کی امی کی پچھلے برس کی
دعاؤں کے زیرِ اثر
اک ہیولا سا اترا ہے
اب کے برس اس زمیں پر
مگر لوگ کہتے ہیں:
بے دل ہے، بے دست و پا ہے
متاعِ منوّر سے محروم ہے وہ

رواں اس کی آنکھوں سے آنسو ہیں
اور کہنیوں تک، کٹے بازوؤں سے
وہ اگلے برس کے لئے دست بستہ
دُعا کر رہا ہے

سعادت سیہ رات میں
گھر سے نکلا تھا
اکثر سُنا ہے
وہ کب لوٹ کر گھر میں آئے گا
کوئی نہیں جانتا ہے

۱۹۸۸ء

ضیافت

اداس گاؤں میں
سگِ نزار ایک
میرا میزباں
سجا دیئے ہیں
اس نے میرے سامنے
لوازمات
ہاتھ، پاؤں، سر
دل و جگر
متاعِ جسم و جاں کی کچھ، چچوڑی ہڈیاں
مَیں اشتہا کے اوج پر!
مَیں اشتہا کے اوج پر!
ضیافتِ گنہ کے درمیاں

پکارتا ہے کوئی بدحواس
دُور کی منڈیر سے
ذرا سی دیر کے لئے یہ ہاتھ روک لو
ابھی پہنچ رہے ہیں
چند اور میہماں

یہاں یہ چند اور میہماں
وہ بد نصیب بھی نڈھال ہیں
وہ بد نصیب بھی
شدید بھُوک سے نڈھال ہیں

سنہ ۱۹۸۸ء

ترسیل

کچھ لوگ یہ کہتے ہیں: کہ اچھا یا بُرا کچھ بھی نہیں ہے
تقریبِ ولادت ہو یا ہنگامِ دمِ مرگ
اک لمحے کو تصویر میں ڈھلنا ہے وہ ڈھل جاتا ہے آخر
وہ نغمہ ہو یا گریہ یا اندازِ تکلم
سب عکس ہیں اسرارِ فسوں کار کے شاید
یکساں ہیں مکافات کی یورش میں سبھی رنگ
سرگوشیاں کرتے ہیں، گزر جاتے ہیں آنکھوں کے جہاں سے
پیمانۂ جاں سے

کیا جھوٹ ہے، کیا سچ ہے، کیسے کون بتائے
سب شورِ سلاسل میں اُتر آئے ہیں کچھ سوچ رہے ہیں
تصویر کے دو رُخ تھے کبھی، سنتے ہیں، اب لاکھ ہوئے ہیں
جو نقش تھے تجرید میں سب راکھ ہوئے ہیں
انسان یا حیوان یا بے جان — کوئی نام نہیں ہے

اک رقصِ تموّج ہے شبیہوں کا، ہیولوں کا، صداؤں کا، فراموش دلوں کا

اس راہ سے گزرے تھے، تمہیں روک لیا اپنا سمجھ کر
باتیں بھی ہوئیں، تم کو ذرا دیر کو سینے سے لگایا
آنکھوں میں، دل و جاں میں بسایا
جاؤ گے، تمہیں جانا ہے، معلوم تھا مجھ کو
سچ یہ ہے کہ تنویرِ ملاقات سے روشن تھا یہ لمحہ
سچ یہ ہے سرِ راہ چراغ اس نے جلایا
سچ یہ ہے کہ بے ساختہ جذبات سے روشن تھا یہ لمحہ
امروز یہ میرا تھا، مگر میری دعا ہے
یہ لمحہ، یہ ہم دو نوں کے امکان کا محور
کل بھی یہ کرے، دو نوں کو، ہم دو نوں کو سرشار۔ منوّر

۱۹۸۸ء

دُلہن

کئی برس بعد
مَیں نے آج اُس کو
سر سے پا تک
برہنہ دیکھا
زوال کے مرحلوں میں تھا
اُس کا جسم
اس پر
نشان تھے
روز و شب کی
بے نام یورشوں کے
نقوش
بچوں کی آہنوں کے
تھکن بھی، موہوم سی
گزرتی ہوئی
رگ و پے سے

بلراج کومل

ایک دوری سی میرے اور اس کے درمیاں
ہوگئی تھی حائل
مَیں دونوں ہاتھوں میں
اس کے چہرے کو تھام کر
اس کو چومتا تھا
مَیں اس کے بالوں کو
اس کی آنکھوں کو
اس کے ہونٹوں کو
اس کی قوسوں کو چومتا تھا
وہ گزرے برسوں کو
جست بھر میں پھلانگ کر
میری اپنی دوشیزہ، پیاری بنو
خزاں کے موسم میں
میری باہوں میں لوٹ آئی..... وہ لوٹ آئی

سنہ ۱۹۸۸ء

اگلا ورق (نظمیں) بلراج کومل

اِک گُلِ تازہ کہیں باقی ہے شاید !

ہاتھ میں پتھر لئے، خنجر لئے، بارود کا محشر لئے، یلغار میں ہیں
لوگ بڑھتے جا رہے ہیں
ایک مرکز کی طرف
ایک مرکز کی طرف

ماؤں کا، بہنوں کا، کم سن بیٹیوں کا
عصمتوں کا قتل، بچوں کے بُریدہ دست و بازو
پشت پر اندوختہ اجزے گھروں کا
اور دہشت کا سفر
ایک مرکز کی طرف
ایک مرکز کی طرف

ماورائے رنگ و نسل
۵۲/بلراج کومل

یہ ذخیرہ خاک و خوں کا ہے، یہ مرکز موت کا
شہر و قریہ لٹ چکے ہیں، جل چکے
شہر و قریہ لٹ چکے ہیں، جل چکے

اک گلِ تازہ کہیں باقی ہے شاید
اس کو سینے میں چھپالیں
اور آغازِ سفر، تاریک مرکز سے پرے، اک بار پھر سے ہم کریں
کوئی رخشندہ ستارہ
کوئی نغمہ، کوئی چہرہ، کوئی پیکر
دستِ فطرت کا کمال، دستِ انساں کا کمال
عین ممکن ہے ہمارا منتظر ہو راہ میں

سنہ ۱۹۸۸ء

مَیں اور وہ

مجھ سے اچھا نہیں
ٹھیک مجھ سا بھی شاید نہیں
وہ جو اِک شخص ہے شہر میں
لوگ کہتے ہیں اک دوسرے کے ہیں ہم زاد ہم
اس کی تصدیق کوئی بھی لیکن خدا جانے کیوں
رُوبرو آ کے کرتا نہیں
اس کا چہرہ کتابِ شہادت ہے لیکن اسے
کوئی پڑھتا نہیں
میرا چہرہ ہے آلودہ دیوار پر
چیتھڑا چیتھڑا پوسٹر کی طرح
اس میں تحریر کا متن کیا تھا
کوئی کچھ نہیں جانتا
شہر کے قتل، دنگے، فسادات کے
سیلِ معمول میں

یوں بھی ہر شخص اپنی حفاظت کی خفیہ تدابیر میں
روز و شب ایسے مصروف ہے
ساعتِ روزِ آخر ہو جیسے درِ زندگی پر کھڑی
وہ جو خاموش ہے
باعمل ہے
سوادِ شہادت میں آخر اتر جائے گا
مَیں جو دیوار پر پوسٹر کی طرح پھڑ پھڑاتا ہوں آج
عَین ممکن ہے مَیں
انہدامِ مسلسل کی تصویر کا
شائبہ ہی رہوں
میرے ہم زاد کو اک زمانہ جئے
ایک حرفِ ملامت کی مانند مَیں
اس کی تعظیم میں
حشر تک سب کی آنکھوں میں رسوا رہوں

سنہ ۱۹۸۹ء

بال و پر

لوگ بچوں سے باتیں کرتے ہیں
آنے والے دنوں کے خوابوں کی
ایک ایسے جہان کی جس میں
وادیوں اور سبزہ زاروں کا
ایک رنگین سلسلہ ہوگا
جھومتے، گنگناتے پیڑوں کے
درمیاں اک حسیں کھلونا سا
گاؤں ہوگا جہاں یہ سب پریاں
چاندنی کے جمیل آنچل میں
رقص کرنے کو آئیں گی ہر شب

آنے والے دنوں کے خوابوں میں
ماہ پاروں کے شوخ جھرمٹ میں
اک پری میرے ننھے منے کی

اگلا ورق (نظمیں)
بلراج کومل

ننھی بنٹو کا رُوپ ہوتی ہے
ہاتھ میں ہاتھ ڈال کر دونوں
وادیوں اور سبزہ زاروں سے
مثلِ بادِ صبا گزرتے ہیں
شوقِ پرواز، جوشِ نصرت سے
اک افق کو پھلانگ جاتے ہیں
آرزو دوسرے کی کرتے ہیں

لوگ بچوں سے باتیں کرتے ہیں
خوابِ فردا کی، خوابِ رنگیں کی

خواب آغاز، منزلیں انجام
درمیاں سختیاں مسافت کی
درمیاں صبر آزما ایام
درمیاں دھوپ۔ ابر، تاریکی

ہم جو بیمارِ خواب ٹھہرے ہیں
خود سلاسل ہیں وضع کرتے ہیں
سب کی پابستگی کی خاطر ہم
جبر و وحشت کی بھاری زنجیریں
خوف و دہشت کی ساری تدبیریں
کاش ہم لوگ بال و پر ہوتے
ذوقِ پرواز کی سعادت سے
خواب جب دیکھتے سفر کے ہم

اگلا ورق/ ۵۷

جگمگاتے حسین چہروں کے
گل کدوں اور آبشاروں کے
لہلہاتے جوان کھیتوں کے
باوقار و بلند شہروں کے
سب کو آنچل کی جو ہوا دے گی
اک نئی جاوداں مسرت کے
فاصلوں پر محیط ہو جاتے
سب نشیبوں سے، سب فرازوں سے
مثلِ بادِ صبا گزر جاتے
ایسا ہوتا تو لمحۂ نو میں
طفلِ معصوم کی طرح شاید
ہر افق سے نظر ملاتے ہم
ہر افق کو پھلانگ جاتے ہم

۱۹۸۹ء

دیدۂ تر

تُم مرے کوئی نہیں
اور یہ ننھی سی جاں
کون ہے ؟ کوئی نہیں
مَیں بھی تُم دونوں کو شاید
اجنبی لگتا ہوں ، شاید کچھ نہیں
عَین ممکن ہے کہ روزِ حشر کے امکان سے ہی قبل ہم
اپنے اپنے راستوں پر
روز و شب چلتے ہوئے
ریگ نامعلوم کے طوفان میں
ایسے بچھڑیں
پھر کبھی نہ مِل سکیں
یہ جو لمحہ بخت میں لکھا ہے ، ہم سب کے خُدا نے
قرب کا ، رنگِ تمازت کا ، لہُو کے رنگ کا

کاش اس لمحے میں ہم
بند کر لیں اپنی آنکھوں میں حسیں چہرے، شگوفے
قہقہے، روشن ستارے
لہلہاتے جسم
موجِ برق، شعلوں کا تموج
موت کے، تخلیق کے اسرار سب
خانۂ موجود ان سب کے لئے
اب ہمارے دیدۂ تر کے سوا کچھ بھی نہیں
رسمِ رخصت بھی کبھی ہوگی مگر
لمحۂ بے نام کی تحویل میں
گھر، یہ سچ ہے، مختصر ہے
اس فنا انجام جلتے مختصر گھر کے سوا کچھ بھی نہیں

۱۹۸۹ء

۶۰/ بلراج کومل

نامکمل

میں رقم کرتا ہوں ہر لمحہ کوئی صبحِ نگاریں
کوئی جلتا دِن ۔ کوئی تازہ تصادم
خون کی جولانیوں میں
کوئی ڈھلتی شام ۔ جشنِ وصل کی یا
قتل کی ۔ اسرار کی کوئی فسردہ یا فروزاں موجِ شب

اک صحیفہ ہیں یہ میرے ذہن و دل ۔ آویزشوں کا
نت نئی بنتی بگڑتی صورتوں کا
آرزو کی تشنگی کا
جسم کی سیرابیوں کا
تیرہ غاروں ، دُور کے مبہم ستاروں سے ٹپکتے
خنجروں کا
کون ہے ؟ کوئی تو ہے زیرِ زمیں
کون ہے ؟ کوئی تو ہے
آسماں میں یا کہیں پہنائیوں میں

ماورائے آسماں
روز و شب آواز دیتا ہے مجھے
روز و شب آواز دیتا ہے مجھے
گونجتی ہے چار سو
اک صدائے کارِ خاک
اک صدائے آسماں
اک صدائے ماورائے آسماں

آنکھ کی نعمت عطا کی تھی خدا نے
آنکھ کے دم سے ہوا تھا خلق رنگِ کائنات
مضطرب ہوں میں ازل سے
میرا نقش ناتمام
دیدۂ تاریک کا صیدِ نہاں
حرفِ ناگفتہ
بیاضِ بدگماں

سنہ ۱۹۸۹ء

ہمارے شہر کی ایک نظم

ہمارے شہر کے بہت سے خوش لباس لوگ
بدخصال، مشتہر
نئی نرالی لذتوں میں گھر گئے
عجیب شور ہے ہمارے چار سُو
فروغِ تمکنت کے جوش میں
یہ لوگ مانگتے ہیں
کچھ کشادہ، سبز شادماں
کسی برہنہ حال کی زمین اور
آسمان۔ کچھ زیادہ مہربان آسمان اور
وسیع تر فراغتوں کی، لذتوں کی
صبح و شام لہلہاتی فصل اور
ہمارے شہر کے پرانے دوستوں کی
دشمنوں کی
سب حدیں الجھ گئیں
جو کٹ گئے تھے کل
شجر ـــــ وہ جل چکے

جو زہر گھل گیا ہوا میں
پھیلتا چلا گیا
کدورتوں کے، وحشتوں کے سلسلوں میں
چند لوگ جو عزیز تھے ہمیں
وہ ایک دوسرے کے ہاتھ سے
یہیں کہیں پہ قتل ہو گئے
یہیں کہیں پہ گہری نیند سو گئے

یہ کیسا اتفاق ہے
کہ روز و شب یہاں پہ اب
سیاہ کار اجنبی فضا میں
تیرتی ہے ایک آبدیدہ آنکھ
تیرتا ہے ایک بند کان
ایک پھڑ پھڑاتا لب
نحیف منحنی سا ایک ہاتھ
ایک ادھ کٹا سا پاؤں
ایک عضوِ رائیگاں
حدِ نگاہ تک مگر
رواں دواں ہے خوش لباس کارواں

سنہ ۱۹۸۹ء

ایک پُراَسرار صدا

اس کے ہنسنے اور رونے کی صدا
ہوگئی تھی
کچھ دنوں سے ایک سی
اب وہ اکثر دن میں سوتا
اور شب بھر جاگتا
گھومتا تھا شہر کی سڑکوں پہ تنہا صبح تک
اک صدا
سُونی فضاؤں میں لگاتا
گونج سنتا
پھر لگاتا
چلتا جاتا
بے تکان

لوگ اب سوتے تھے راتوں کو نہ شاید جاگتے
اک عجب عالم تھا
سنتے تھے جونہی آواز اس کی دُور سے
وہ جو مصروفِ فغاں تھے سوچتے

اگلاورق / ۶۵

اگلا ورق (نظمیں)　بلراج کومل

ہے کوئی بد بخت ان جیسا
کسی ٹیڑھے سفر میں
بے اماں
اور جو سرشار تھے موجِ ضیا کی راہ میں
وہ بھی ظرفِ سرخوشی کی داد دیتے تھے اسے

ایک سناٹا ہے اب ہر رہ گزر پر چار سُو
جان بحق کچھ روز گزرے
ہو گیا وہ شخص
یہ افواہ ہے
کیا عجب آفت مکینوں کے سروں پر آ پڑی
اپنے غم کی اور خوشی کی
اس صدا کے فیض سے
مل گئی تھی ان کو اک پہچان سی
کیا ہوا، یہ حادثہ کیسے ہوا
وہ بھی آخر کھو گئی

۱۹۸۹ء

اگلا ورق (نظمیں)   بلراج کومل

خط لکھوں گا آج میں

خط لکھوں گا آج میں
ایسے کچھ لوگوں کے نام
جن کو میں نے بارہا
رہ گزر کی بھیڑ میں دیکھا تو تھا
یہ بھی سوچا تھا کبھی
چند لمحوں کے لئے
ان سے کچھ باتیں کروں
اپنے دل کی بھی کہوں
ان کے دل کی بھی سنوں
گزرے برسوں میں مگر
ان سے میں بچھڑا رہا
کچھ نہ ان سے کہہ سکا

خط لکھوں گا ان کے نام
خط لکھوں گا ان کے نام

ایسے کچھ لوگوں میں وہ
چاند سی لڑکی بھی تھی
سادہ و معصوم سی
خود تو شبنم تھی مگر
ڈھونڈتی تھی دشت کی
چلچلاتی دھوپ میں
پیڑ کا سایہ کوئی
شام تک جلتی رہی
راکھ ہو کر سو گئی

خط لکھوں گا اس کے نام
خط لکھوں گا اس کے نام

رہ گزر کی بھیڑ میں
طفلِ ناداں تھا کوئی
کہہ رہا تھا بار بار
اس برس یہ کیا ہوا
موسموں کے قہر میں
آنگنوں کی نرم دھوپ
ریزہ ریزہ ہو گئی
میری تتلی کھو گئی

خط لکھوں گا اس کے نام
خط لکھوں گا اس کے نام

رہ گزر کی بھیڑ میں
کام پر جاتے ہوئے
سادہ دل، بے نام سے
مرد و زن، طفل و جواں
خوف و دہشت میں گھرے
کٹ گئے یا جل گئے
ان کا دشمن کون تھا؟
جرم ان سے کیا ہُوا؟

خط لکھوں گا ان کے نام
خط لکھوں گا ان کے نام

رہ گزر کی بھیڑ میں
چل رہا تھا ایک سایہ
ایک سایہ اس کے ساتھ
ان کے بھی تھے کچھ عزیز
وہ تلاشِ زر میں تھے
گھر سے وہ ایسے گئے
کہہ گئے تھے آئیں گے
سُرخ رُو اور شادماں
لوٹ کر آئے نہیں
ایک مدت ہو گئی
کھو گیا نام و نشاں

خط لکھوں گا ان کے نام
خط لکھوں گا ان کے نام

رہ گزر کی بھیڑ میں
ایک میں بھی ہوں یہاں
کچھ تھکا ماندہ سا ہوں
پشت پر گزرے برس
آنکھ میں ناکام خواب
سر میں کچھ برگشتگی
ذہن و دِل میں اضطراب
اور ہونٹوں پر دُعا
سرخوشی قائم رہے
روشنی دائم رہے
جذب ہو جاؤں گا میں
ایک دِن گرداب میں
وقت کے سیلاب میں

خط لکھوں گا اپنے نام
خط لکھوں گا اپنے نام

رہ گزر کی بھیڑ میں
لوگ کچھ ثابت قدم
بامراد و برقرار
ہیں ابھی محوِ سفر

بلراج کومل/۷۰.

عزم ہے جن کا جواں
سوئے منزل ہیں رواں

خط لکھوں گا ان کے نام
خط لکھوں گا ان کے نام

خط لکھوں گا آج میں
ایسے سب لوگوں کے نام
جن سے میں بچھڑا رہا
کچھ نہ جن سے کہہ سکا

سنہ ۱۹۸۹ء

رقص

ایک موسم تھا شمالی ، ایک موسم تھا جنوبی
ایک موسم مشرقی
ایک موسم مغربی
اور کچھ ایسے بھی تھے ، اطراف میں ، پہچان کے آزار میں الجھے ہوئے
سرد ، یخ بستہ ہوائیں
نرم بارش
تیز بارش
دھوپ شفقت سے بھری
دھوپ دہشت سے بھری
دشت میں جلتی ہوا
سبز پیڑوں میں گھرے اک گاؤں میں بادِ صبا
آسماں میں دُور تک اڑتے پرندے
مضطرب ، بپھرے سمندر ، تیز شور
پانیوں میں لامکانی غوطہ خور

موسموں کا سلسلہ تو تھا مگر
ایک موسم تھا یہاں تو دوسرا موسم وہاں
جنگلوں ، ندیوں ، پریشاں ساحلوں کے درمیاں
اجنبی بے رحم سیاروں ، ستاروں کا اسیر

اگلا ورق (نظمیں)　　　بلراج کومل

گردشِ ارض و سما کا اور حصاروں کا اسیر

تم جزیرہ ہو، مرے دل میں، درخشندہ و تابندہ
تمہارا نام ہے قوسِ قزح
دُور تک سرسبز کھیتوں، مرغزاروں، آبشاروں
برگ و گل کا معجزہ
پربتوں کی چوٹیاں، آتش فشاں، نخنۂ نشیب
صبح دم موجِ صبا، سورج کے پہلے لمس کا جشنِ ضیا
دوپہر کی دھوپ، دھندلی شام کے سایوں کی مدھم سی صدا
شبنمی بارش کی سرگوشی
یکایک شور کرتی، تیز سرگم چیختی پاگل ہوا
آسماں، رنگوں، بدلتے، نت نئے رنگوں میں ڈھلتا آسماں
چار سُو آفاق تک نیلا سمندر
وسعتوں میں دُور اور نزدیک کے
طائرانِ خوش نوا

موسموں کے سارے چہرے
عالمِ وارفتگی میں ایک ساتھ
رقص کرتے تھے تمہارے آئینے میں روز و شب
قرب کے اعجاز میں
کون کس کا عکس تھا
تم سے ملتے ہی میں سارے موسموں کے ساتھ محوِ رقص تھا۔

۱۹۸۹ء

اگلا ورق / ۷۳

سرگوشی

یہ محفل ہے، نہ کوئی انجمن یا کارواں کوئی
یہاں ہر سمت سے، ہر نام سے نا آشنا
چاروں طرف قدموں کا، جسموں کا
پریشاں حسرتوں کا، وحشتوں کا
ایک سیلِ بے اماں آفاق تک
یوں ہو گیا ہے موجزن
افراد میں پہچان کا
اب حوصلہ یا ولولہ
بس دُور کی آواز سا محسوس ہوتا ہے

مرے تم پاس ہو یا دُور ہو
گوشہ نشیں ہو
جانِ محفل ہو، یا رنگِ انجمن
اب محض خار و خس ہو طوفاں میں
تمہارا ہم سفر میں بھی ہوں
اس یلغار میں لیکن

یہاں اس شور میں یہ کیسی سرگوشی
یہ سربستہ تکلّم ہاؤ ہو کے درمیاں کیسا
بہت ممکن ہے مَیں ہی سمت ہوں، تم سمت ہو
اس بھیڑ میں کھوئی ہوئی ہر ذات میں
ہم لوگ شاید آج بھی آباد ہیں بے سمت طوفاں میں
ہمیں محفل ہیں۔ ہم ہی انجمن
اِک کارواں
اِک گلشنِ آواز
اپنی منفرد پہچان
اِک امکان ہیں شاید
نئی اِک سمت کا اعلان ہیں شاید
بڑی خود سر ہے سرگوشی
جو کونپل کی طرح کچھ دیر پہلے تھی یہاں ابھری
یہ کونپل عین ممکن ہے کبھی اِک لہلہاتا پیڑ بن جائے
کوئی سورج نیا نکلے۔ کوئی موسم نیا لائے

سنہ ۱۹۹۰ء

میں ، ایک اور میں

مجھ سے اچھا نہیں
کچھ بُرا بھی نہیں
ٹھیک مجھ سا بھی شاید نہیں
مجھ کو محسوس ہوتا ہے کچھ مختلف بھی نہیں
وہ جو اِک اجنبی آج آیا ہے اس شہر میں

عین ممکن ہے پیدا یہیں وہ ہوا ہو
جواں ہو گیا تو کسی دُوسرے دیس میں جا بسا
ناروا موسموں کے تھپیڑوں کی یلغار میں
کچھ فسردہ و مغموم، بکھرا ہُوا
لوٹ آیا ہو اک روز اپنے پُرانے اس شہر میں

یہ بھی ممکن ہے وہ
ایک دشمن قبیلے کا کوئی سفیرِ عداوت یا دہشت ہو، یا پھر کوئی
ہجرتوں کے تسلسل کا وا ماندہ رہرو
گھڑی، دو گھڑی کے لئے میرے اس شہر میں رُک گیا ہو
وہ اِک بے گھری سے کسی دوسری بے گھری میں یہاں آگیا ہو
وہ مفرور قاتل ہو، ممکن ہے، اس شہر کو

کچھ محفوظ شاید سمجھتا ہو، یہ سوچتا ہو
گزر جائیں گے عافیت سے شب و روز باقی کے اس کے یہاں

مَیں تو سر سبز و شاداب برسوں جیا، لہلہایا اسی خاک پر
جسم اپنا تھا مَیں
ذہن اپنا تھا مَیں
خود سے مقدور کے دائرے میں شناسا بھی تھا
حادثہ مجھ پہ گزرا عجب یہ کہ مَیں
آج اپنی ہی پہچان کے کیسے آزار میں گھر گیا

اب یہاں کون ہوں
نام میرا ہے کیا
کِس کا ہمدم ہوں مَیں
کِس کا ہم زاد ہوں
کون میرا ہے ہم زاد چاروں طرف سے امڈتی ہوئی بھیڑ میں
بادِ مسموم میں
جسم و جاں کو جُھلستی ہوئی ریگِ پیکار میں گھر گیا
مَیں مکافات کے سیلِ اسرار میں گھر گیا

سنہ ۱۹۹۰ء

مہمان نواز

اُس کے اعزاز کو وہ اُٹھی
تحفۂ گل اُسے پیش کرتے ہوئے
مسکرائی، ادا سے لجائی

وہ خوش ہو گیا
اور اظہارِ ممنونیت میں
تفاخر میں
وہ جھک گیا

جب عشائیہ کے دوران
اس کے فریبِ معطر میں
مصروفِ نان و تبسم تھا وہ

اُس کی خوش پیرہن میزباں
گفتگو، اور چکھنے کے انداز کے
چند لقموں کے رسمی تکلف کے ہی درمیاں
دفعتاً اُٹھ کے گویا ہوئی:

لذتِ شام میں
آپ میرے خلل کی جسارت سے
ہرگز پریشاں نہ ہوں
گھر میں میرے جو خادم ہیں، سب

تربیت یافتہ لوگ ہیں
آپ کو کوئی زحمت نہ ہو گی
یہاں عارضی روشنی کے بھی
سامان موجود ہیں
یہ جو ہمراہ ہے میرے
سگِ جاں فزا
چہل قدمی کا اس کا
یہی وقت ہے
معذرت چاہتی ہوں
ملاقات کا اور لطف و مروّت کا
یہ سلسلہ میری خواہش ہے، جاری رہے
آپ کی تو اجازت ہے میں جاؤں گی
وہ جو صیدِ مروّت تھا
اپنی نشستِ فراست میں
پتھرا گیا
میزباں اور اس کا سگِ دل رُبا
ایک زنجیر میں
چشم آمیز. خاموش راہوں پہ
شاداں و فرحاں
خراماں. خراماں
بہ اندازِ معمول چلتے رہے

سنہ ۱۹۹۰ء

تصویریں

پیڑوں سے لٹکی لاشیں
کچھ لوگوں کو
اب تصویریں سی لگتی ہیں
انہیں دیکھ کے اب وہ مل کے بجاتے ہیں تالی
اور ایسی ہی تصویروں کی
اپنے ہاتھوں تخلیق کی خاطر
دوسری بستی کی جانب
وہ ہنستے ہوئے چل دیتے ہیں

سنہ ۱۹۹۰ء

اگلا ورق (نظمیں) بلراج کومل

تحلیل

مَیں رات اور دن کی
مسافت میں
رنگوں کی تفسیر میں
اپنے سارے عزیزوں کے
اپنے ہی ہاتھوں سے
قتلِ مسلسل میں مصروف ہوں
پھر میں کیوں سوچتا ہوں
سرِ جام، ہر شب
کہ دیدہ وری کی متاعِ فروزاں سے
سرشار ہوتا
تو ہر خفتہ، سربستہ تحریر سے
مَیں گلے مل کے روتا
صداؤں کی
سرگوشیوں میں اُترتا

عجب حادثہ ہے کہ کچھ دیر پہلے

اگلا ورق / ۸۱

مرے سامنے ایک گھائل پرندہ
گرا ہے مرے پاؤں میں
سامنے کے فسردہ و بے برگ
بے رنگ سے پیڑ سے
میرے جام شکستہ میں
باقی بچے، قطرے مئے خام کے کچھ
انہیں چشم منقار سے یہ مسافر
بڑے غور سے دیکھتا ہے
انہیں گن رہا ہے یہ شاید

مَیں سیلاب تحلیل میں ہوں
یہاں سے کہاں جاؤں گا
دور گر جا سکا تو وہاں سے
یہاں لوٹ کر کس طرح
آؤں گا میں

سنہ ۱۹۹۰ء

بریل

مری آنکھیں سلامت ہیں
مگر میں سینۂ قرطاس پر ابھرے ہوئے خاموش نکتوں کو
بریدہ انگلیوں کی بے نوا بیباکیوں کے کرب سے بیدار کرنے کی
عجب کوشش میں غلطاں ہوں

کوئی مفہوم خوابیدہ ہے ان نکتوں میں، مجھ سے ماورا شاید
بصارت کی حدوں سے ماورا، مبہم
اور اس کے پُرفسوں اسرار کی لمبی مسافت میں
میں پیہم خوف و دہشت کے
جہنم سے گزرتا ہوں

بڑی مشکل ہے یہ تحریر، سجدہ ریز ہوتا ہوں
خدا کا شکر کرتا ہوں
کہ آنکھوں کی مجھے نعمت میسر ہے
مگر یہ ماورائے چشم دستاویز ایسا رزم نامہ ہے
جسے بس لمس کے احساس سے، مجھ کو
بیاضِ خواب پر، مقدور کے امکان میں پھر سے
بہ اندازِ دگر تخلیق کرنا ہے
جسے مجھ کو، فقط مجھ کو ہی پڑھنا ہے
جسے مجھ کو، فقط مجھ کو سمجھنا ہے

سنہ ۱۹۹۰ء

کل

دُور دُور تک قبرستان اور جلتے گھاٹ
ان تک جاتی ساری راہیں
کٹے پھٹے جسموں کے ٹکڑوں
گرتے پیڑوں، گھروں سے اُٹھتی
چیخوں اور فریادوں سے
آج ہوئیں آباد

آسماں میں دُور دُور تک
اڑتے مردہ خور پرندے
اور اطراف سے مرکز کی جانب بڑھتی
دُشمن آوازوں کا شور
دُشمن آوازوں کا شور

مَیں قاتل ہوں یا مقتول
تمُ قاتل ہو یا مقتول
دروازے پر پل پل دستک دیتی موت
گنتی کی باقی سانسیں
ان کی اب میزان کریں

۸۴/ بلراج کومل

ہم ہی قاتل تھے، ہم ہی مقتول ہوئے

یہ منظر اس ننھے منے بچے نے بھی دیکھا ہے
جو اجڑے ویران مکاں میں
چھپ کر کب سے بیٹھا ہے
اس کے چاروں جانب سڑتی لاشیں ہیں
رفتہ رفتہ یہ معصوم
مردہ گوشت پہ زندہ رہنا سیکھے گا
اس کے ننھے دانت اور ناخن
کچھ دن میں بڑھ جائیں گے
شور مچے گا شور
چاروں جانب شور
بازاروں اور گلیوں میں
جہاں ہنستے گاتے
بالک کھیلا کرتے تھے
نکلا ہے اک آدم خور

۱۹۹۰ء

بے سمت

رہ گزاروں پہ چلتے ہوئے لوگ
اپنی شکستوں کے بارِ گراں سے خمیدہ
فسردہ و وامانده
خاموش، مجروح، پامال
محوِ سفر ہیں
کبھی ان کی بھی
ایک منزل تھی،
تابندہ و شادماں، ایک پر نور منزل
خدا جانے کیا ہو گئی، وہ کہاں کھو گئی
وہ جہاں جائیں گے
حادثہ ہے
کہ امروز شاید
وہاں بھی وہی داستاں
اپنے سارے کے سارے
المناک ابواب
دہرا رہی ہو گی
معمول کے جبر سے

خانۂ دِل میں ان کے
سُنا ہے
مسیحا کی تصویر تھی
جس کو وہ اس طرح قتل کرتے رہے
دفن کرتے رہے
جیسے وہ خود سبھی، موت سے ماورا حرفِ محفوظ تھے

یہ فنا کار لمبا سفر کیسا بے سمت ہے
اپنے اجڑے گھروں سے نکالے ہوئے لوگ
مجبورِ کربِ مسافت
یہ بدبخت
محوِ سفر تو ہیں
لیکن کہاں جائیں گے
اب کہاں جائیں گے۔

۱۹۹۱ء

تیزاب کی بارش

ساگر میں اک لہر اٹھی
کچھ نیالی، کچھ گدلی سی
پھر رفتہ رفتہ
قہر بھری، کالی اور گاڑھی ہوتی گئی
پھر ایکا ایکی
بدبو کا سیلاب بنی
آکاش جو اب تک نیلا تھا
اس میں اک بادل سا ابھرا
اور دُور دُور تک پھیل گیا
پھر ٹوٹ کے بادل یوں برسا
پربت، پربت
قریہ، قریہ، بستی بستی
میدانوں میں
صحراؤں میں
ساگر پر　　اور ندیوں کے بہتے پانی پر

تیزاب کی بارش

پہروں، دنوں، مہینوں
ان تھک ہوتی رہی

ہم لوگ جو اپنے جھلسے، ادھ مرے اور ناکارہ جسموں میں
اب جلتے بجھتے، راکھ اڑاتے ویرانے میں
جان کنی کے عالم میں
کچھ سانسوں کے امکان کی حد تک زندہ ہیں
آواز کہاں سے لائیں گے
جو سرگوشی سے اونچی ہو
کچھ سننے والوں تک پہنچے
کچھ گونج بھی اس میں آجائے
خاموش ہے، مردہ ہے یہ فضا
اک جیتی جاگتی لرزش اس میں
پل دو پل لہرا جائے

سنہ ۱۹۹۱ء

ثبات

آفتاب
زیرِ آب
ماہتاب
زیرِ آب
سب ستارے اور سیارے ہوئے سب زیرِ آب
آسماں کو کیا ہوا
یہ زمیں کی ثقل کے معمول میں
دفعتاً
انقلاب ایسا کہاں سے آگیا
وہ جو اب تک
آسمانی، پُرفسوں پیکر رہے
آگئے ہیں زیرِ آب
ڈوبنے کے منتظر
ایک اندھے دائرے کے وسط میں

بلراج کومل

بستیوں میں دور تک کہرام ہے
خاک و خوں کے درمیاں
اہتمامِ رسمِ قتلِ عام ہے

روشنی کی قہر آلودہ، برہنہ لہلہاہٹ
ٹوٹنے کو ہے قیامت
میرے اور تیرے دلوں کے
آگ روتے آگ پیتے دشت میں
بے اثر حرفِ دُعا
خواب باقی ہے کوئی ارض و سما میں، آج اگر
ناگزیر
موجِ سیلِ کائنات
وقت کے اسرار میں
کوئی لافانی ثبات

سنہ ۱۹۹۱ء

جشنِ صدا کے مناظر میں پرندے

وہ پرندے جو تم نے
دکھائے تھے جشنِ صدا کے
مناظر کی تصویر میں
بے بسی میں
ہزاروں کی تعداد میں
اپنی پرواز کے
اس سفر پر روانہ ہوئے ہیں
جہاں سے کبھی
لوٹ کر وہ نہیں آئیں گے

ان میں اک طائرِ پُر نوا میں بھی تھا
جسم تو میرا انسان کا تھا
ذہن میں میرے لیکن عجب ذوقِ پرواز تھا
دشمنوں کے امڈتے ہوئے سیل یلغار میں

۹۲/ بلراج کومل

سادۂ سمت کرنیں
یوں بکھرتا گیا
ماورائے صدائے تمنا، خلا میں اترتا گیا

تم مصور ہو
یکتا ہو لمسِ ہنر کے اعجاز سے
میری تخریب کی
میری تحلیل کی
آج تجسیم کر دو کچھ ایسے کہ جس میں
ہجومِ نوادر میں محفوظ ہو جاؤں گا
مجھ پہ احسان کر دو
میں گوشۂ امکاں میں سو جاؤں گا

سنہ ۱۹۹۱ء

میرا دُور کا لمبا سفر

یہاں چلچلاتی ہوئی دھوپ میں
دفعتاً
برف گرتی ہے مجھ پر
وہاں اجنبی موسموں میں
مرے منجمد جسم و جاں میں
یکایک ہُوا تھا الاؤ سا روشن
کبھی مہرباں وسعتوں میں
نزولِ مکافات
آفات
ظلمات کی موسلا دھار برسات
اور پھر
کبھی یورشِ بادو باراں کے ہنگام میں ہی
گھنے بادلوں کے دریچے میں
آکاش کا
مسکراتا ہُوا
نیلگوں اور شفاف ٹکڑا

پرندوں کی پرواز

پرواز کے جشن میں
رنگِ محرومیٔ بال و پر
ایک مجروح منظر
پُراسرار منظر
کبھی میں اسیرِ سلاسل
کبھی جسم سے
اپنے چہرے سے آزاد
معمول کے سب حصاروں سے آزاد
لمحوں کی تخلیق میں
کرب کے سلسلوں سے گزرتا ہُوا
دور کے اپنے لمبے سفر میں
تمہیں گر کبھی مل سکا، سوچتا ہوں
کہ میں کس طرح بات دل کی کہوں گا

سنہ ۱۹۹۱ء

سیلانی

مَیں جہاں جہاں سے گزر گیا
اپنے ذہن کے
اپنے مختصر سے وجود کے
چند کج ادا سے نقوش
لفظوں کی صحبتوں میں
کچھ ایسے تقسیم کر گیا
گرچہ مَیں تہی دست تھا مگر
مجھ کو ساری ناداریوں پہ اپنی سخاوتوں کا گماں ہُوا

وہ جو لوگ
مجھ کو مسافتوں میں ملے تھے
میرے عزیز تھے
یا وہ اجنبی تھے
یا دوست تھے
یا وہ دشمنِ جاں تھے
جو بھی تھے

وہ غنی تھے

بہتر تھے
با اثر اور عظیم تر
مجھ پہ اپنی ساری محبتوں
نفرتوں
برہنہ عداوتوں
بے مثال رشتوں کی
تازہ کاری
کچھ اس طرح سے لٹا گئے
مرا ارزق بے انتہا ہُوا
وہ جو میری ادنیٰ سخاوتوں کا
گماں زدہ سا خمار تھا
مرے ذہن و دل سے اتر گیا
نئی ساعتوں کے طلوع میں
مَیں کہیں کہیں سے سنور گیا

۱۹۹۱ء

تیرگی کی یورشوں کے درمیاں

ساری تصویروں کے رنگ
ایک سے ہوتے گئے
سر سے پا تک لوگ خواہش بن گئے
وہ ہوس تھی، یا شکم کی بھوک یا وحشت یا تازہ سنسنی کی آرزو
اشتہا ایسی تھی جس کی کوئی بھی
منزلِ تسکیں نہ تھی
مرتبے کے، اقتدارِ بے محابا کے، متاعِ غیر کے
اپنے اپنے گوشۂ محفوظ کے جویا ہوئے، احباب بھی، دشمن بھی، وہ بھی
جو گلی میں مدتوں سے منبعِ انوار تھے

آسماں میں موسموں کی دہشتوں کے چار سُو آثار ہیں
کون جانے؟ منتظر ہے اب ہمارا کون سے زہرِ ہلاہل سے بھرا طوفاں یہاں

تیرگی کی یورشوں کے درمیاں

۹۸/ بلراج کومل

اجنبی ہو، میرے اپنے ہو، یا کوئی غیر ہو تم، جو بھی ہو
یہ تمہاری ہی دعا ہے
زندگی کی راہ پر
گامزن ہوں روز و شب میں آج بھی جس کے طفیل
اتفاقاً جب بھی مل جاتے ہو تم فرصت سے، رُک کر پیار سے کرتے ہو کچھ بے نام باتیں
بوجھ ہوتا ہے کوئی دل پہ تو دہراتے ہو اپنی اور میری چند یادیں
چند روشن، خوش ادا، سرشار صُبحیں
چند افسردہ، پریشاں، سرد شامیں
داستانِ زخمِ جاں، یا جشنِ نو بہ نو، یا پھر ماتمِ ایام، یا اندھی مسافت سے ہراساں
ان ارادوں کا بیاں
جن سے وابستہ ہوئے تھے کچھ ادھورے، بے ضرر سے نیک اور معصوم کام
اور اگر جلدی میں بھی ہوتے ہو تو
آتے جاتے مجھ کو کرتے ہو دل و جاں سے عجب تسکین دینے والا شائستہ سلام

۱۹۹۱ء

یہ لمحہ، یہ جاگتا لمحہ، ایک ستارہ

یہ لمحہ، یہ جاگتا لمحہ
ایک ستارہ
ابھرا ہے جو تاریکی سے
جب سیلِ باراں سے گزرے
مجھ کو ایسا لمسِ طہارت دے دے
جو تفہیم سے
آلودہ، احساس سے باہر
اک موجِ شفاف ہو
دائم، نورانی، سرشار ترنم
مجھ کو میرے جسم کی حد میں، اس انداز سے
روشن اور منور کر دے
میں لمحے کا جشن مناؤں
اپنی موت سے
اپنی موت کے امکاں پر
قادر ہو جاؤں

سنہ ۱۹۹۱ء

کہیں تو کوئی سبز پیڑ ہوگا

یہ رہ گزر
جو لہلہاتی، رقص کرتی روشنی کی
ہم سفر تھی، کل تلک
یہ رات بھر میں
اس میں کیا قیامتیں گزر گئیں
کہ رہ گزر تو آج بھی وہی ہے
اس پہ اب مگر نہ کوئی برگ وگل، نہ سبز پیڑ
راہ رَو، نہ کوئی طائرِ نوا
نہ ہنستا بولتا چہکتا کوئی گھر
نہ کوئی نور بار آنکھ، ہونٹ، جسم
دُور دُور تک کہیں پہ کچھ نہیں ہے

کل سے آج تک کے مختصر سفر میں ہی
مری متاعِ چشم و دل اجڑ گئی
یا پھر کوئی سیاہ ابر
آفتاب اور میری اس زمیں کے درمیان آگیا
کئی بھٹی ہوئی یہ رہ گزر
جلے ہوئے مکان
کٹے دریدہ دست و بازو
چیتھڑوں کے ڈھیر
پھیلتے دھوئیں کے
بے اماں تعفنوں کے سلسلوں میں ڈھل گئے
یہ ایک آنکھ، ایک کان، ایک ہاتھ، ایک ٹانگ کا
کریہہ، منحنی سا اجتماع
دیکھتا ہے آسمان کو
ابھی جھپٹ پڑیں گے اس کی باقی ماندہ
دھجیوں پہ، بوٹیوں پہ ایک پل میں چند گدھ اور
چارسو پڑی ہوئی یہ میتیں
یہ میری ماں کی اور میرے باپ کی
عزیز بھائی کی، بہن کی میتیں
وہ میزباں ہیں
سارے مُردہ خور بن گئے ہیں آج جن کے میہماں
مَیں ناگزیر بدگمانیوں میں، دہشتوں کے ازدحام میں
نکل پڑا ہوں آج پھر سفر پہ کیوں ؟
مَیں سوچتا ہوں، سوختہ مسافتوں کی انتہا یہ غالباً
کہیں تو کوئی سبز پیڑ ہوگا

کوئی پیکرِ حیا، کوئی گُل نگاہ
میری راہ دیکھتا ہُوا
اداس، دل شکستہ اجنبی سے موڑ پر
اسے ملوں گا، میں بشرطِ زندگی اسے ملوں گا
ٹوٹ کر گلے ملوں گا
دونوں اپنے اپنے دل کی داستاں سنائیں گے
اور اپنے اپنے یا پھر ایک دُوسرے کے
آنسوؤں میں دیر تک نہائیں گے

سنہ ۱۹۹۱ء

روندتے قدم

یہ گھروں کے مویشی، اب آوارہ بے گھر
ہزاروں کی تعداد میں
جو نکل آئے ہیں، شارع عام پر چار سُو
اب یہی رہ گزر
ان کا گھر ہے، یہی آج ان کی رسد گاہ ہے
ان کی حاجاتِ اخراج کی عام، بے پردہ آساں سہولت یہی
ان کا مسلخ یہی، ان کا مقتل یہی
ان کا مدفن یہی
ان کی افزائش نسل کا بسترِ عیش بھی ہے یہی
جس جگہ — گر یہ زندہ رہے
ان کا بیوپار ہوگا، وہ بازار بھی اب یہی

وہ جو محفوظ تھے
وہ جو اشراف تھے
خوف سے
نیم وا کھڑکیوں روزنوں سے پریشاں راہوں پہ اندے ہوئے

۱۰۴/ بلراج کومل

اگلا ورق (نظمیں)
بلراج کومل

ریزوں کو، ذرا دیر کو
دیکھتے ہیں، تعفن کی، شورِ قیامت کی یلغار میں
خود کو شام و سحر
اپنے خود ساختہ خول میں
ظرفِ امکاں یا پھر
ظرف تدبیر دینے کی کوشش میں مصروف ہیں

وہ جو پہچان رکھتے تھے وہ سب کے سب
سیلِ انبوہ میں ڈھل گئے
آن، پہچان — سب کھو چکے
جاگ اٹھنے کو ہیں اب ذرا دیر میں
سب فنا کار جذبے، ارادے
زمیں دوز سیلاب
زہرِ فراواں کے سوتے سبھی
روندتے پاؤں بڑھتے چلے آ گئے
خواب کی ہر متاعِ درخشاں ابھی
آگ میں، خاک و خوں میں بکھر جائے گی
وہ مسافت جو باقی ہے؛ کہسار کے نور سے ابتدا
جس کی شاید ہوئی تھی، مسافت وہ آخر
نشیبِ زیاں میں اتر جائے گی

سنہ ۱۹۹۱ء

اگلا ورق / ۱۰۵

وہ رات

ہماری بیش تر باتیں
دکھوں کی یا غموں کی تھیں
عزیزوں اور اپنوں کے گلے شکوے
کچھ ایسے اجنبی بھی شاملِ احوال تھے اس شب
جو آئے تھے تو اپنے ساتھ، روشن اور زندہ قربتیں لائے
مگر جب ایکا ایکی چل دیئے تو لوٹ کر واپس نہیں آئے
یا پھر معمول کی باتیں تھیں، دہشت اور تشدّد کی
یا ایسے حادثوں کی جن کی زد سے اتفاقاً، ہم
نہ جانے کس طرح محفوظ رہ پائے

ہمارے درمیاں کی ساعتِ گزراں
نہ محفل تھی، نہ منظر تھی، نہ تنہائی، نہ ترنم شناسائی

۱۰۶/ بلراج کومل

مگر پھر بھی
کسی موہوم جشنِ منتظر کے کچھ
ستارے اور جگنو ذہن و دل کی تیرگی میں لمحہ بھر کو ٹمٹمائے تھے
ذرا سی دیر کو اک شمع بھی
کھنڈر میں جھلملائی تھی
عجب سی روشنی اس شب
ہماری، ہم سفر تھی صبح کرنے کی کشاکش میں
ہمیں اب یاد بھی آتا نہیں ہم سو گئے تھے دو گھڑی کو، یا
وہ شب ہم نے
دلوں کی ماندگی کے دشت میں، آنکھوں ہی آنکھوں میں گزاری تھی

سنہ ۱۹۹۱ء

بازیافت

وہ طفلِ نوزائیدہ
حسین غنچۂ تبسم
وہ برگِ نخلِ رواں
وہ خوشبو
وہ ایک تصویر
خواب زاروں کا
تیز رو ، برق گام رہرو
وہ موجِ رنگِ جمالِ شیریں
وہ پیکرِ پُر جلال
قامت میں اور اپنی شبیہ میں
بے پناہ منظر
وہ بعض اوقات
حرفِ افسوں
بیاضِ رنگیں
فسانۂ ناشناس
پُر اسرار
اجنبی رقص محرمانہ
وہ بعض اوقات
دعوتِ لب

برہنہ ترغیب
لذتِ لمس
خندۂ واشگاف
جشنِ حواس
وارفتہ سیلِ محشر
فشارِ آتش، بہارِ آتش

طلوع سے
جس کے زیر و بم کے سفر کا آغاز
برسوں پہلے کبھی ہُوا تھا
شفق کے رنگوں میں ڈھل گیا ہے
یہ کیسا ہنگامِ وصل ہے کہ لبوں پہ ابھرا ہے آج اس کے
وہ اوّلیں غنچۂ تبسم
کہ جس کی خوشبو کی نرم سرگوشیوں کو اکثر
وہ یاد کرتا تھا لیکن اپنے سفر میں ان سے بچھڑ گیا تھا
وہ طفلِ نو تھا
وہ دائرے کے
مقامِ آخر پہ طفلِ نو کی طرح فروزاں
شگفتہ، سرشار ہو گیا ہے
تھکا ہوا تھا
وہ تتلیوں کے
پروں پہ سر رکھ کے سو گیا ہے

۱۹۹۲ء

دُور تک گونجتی ایک صدا

وہ جو رخصت ہُوا
مجھ سے یہ کہہ گیا
لوٹ کر وہ یہاں اب نہیں آئے گا

جس کے آنے کا امکان مشکوک تھا
روز و شب میرے کانوں میں کرتا تھا سرگوشیاں

وہ جو موجود تھا
زندگی کے مدارج میں، اشکال میں
ایسے ابھارا رہا
ظرفِ تولید و توسیع کا
ظرفِ حرص و ہوس
ظرفِ غارت گری کا
فشارِ تشدد کا اک سلسلہ بن گیا

وہ جو غائب تھا تقویم سے
تیز، طوفاں، برستی ہوئی آگ
شورِ قیامت کی یورش میں تھا

ایک وہ بھی تھا، ان کے علاوہ وہاں

جو نفی اور اثبات کے گرم سیّال منظر کی
سر بستہ میزان تھا

مَیں بھی موجود تھا
مَیں بھی ان سب میں موُجود تھا
سب کی پہچان کے کرب میں
قتل کرتا تھا میں
یاد کرتا تھا مقتول کو
خوف و دہشت کی تصویر کو
اور اپنے جرائم کی پاداش میں
قتل ہوتا تھا مَیں
غیر کے ہاتھ سے
یا پھر اپنے لہو سے بھرے ہاتھ سے
مَیں ہی خالق تھا
اور مَیں ہی دستِ قضا
مَیں ہی موجِ حوادث میں
لمحہ بہ لمحہ، نئے، نت نئے روپ میں
ایسے ڈھلتا گیا
انتہائے سفر پر
مَیں اپنے ہی صد رنگ ہم زاد کی ذات میں
حرفِ دائم ہُوا
دُور تک گونجتی اک صدا بن گیا

سنہ ۱۹۹۲ء

روشنی، روشنی

میرے حلق سے اٹھنے والی
مجرم آوازوں کو زباں نے
جب لفظوں میں ڈھالا تھا
مَیں نے اس کو
فوراً جڑ سے کاٹ دیا
میرے جسم کے زیرِ ناف کے سازش گر
اکثر راتوں کو

سرگوشی میں
انجانے بھیدوں کی باتیں کرتے تھے
ایک ہی وار میں
میں نے ان کو خاموشی کا درس دیا
دایاں ہاتھ جو اَب تک تھا مصروفِ کار
میرے اپنے بائیں نے بیکار کیا

آنکھیں راہ میں چلتے چلتے
پُر ترغیب، برہنہ منظر مڑ کر دیکھا کرتی تھیں
آگ کے لمس سے میں نے ان کو
نظارے کے بندھن سے آزاد کیا

میں پاتال میں جس لمحے میں اتر رہا تھا
میرے اندر ایک نیا سورج جاگا
مجھ پر سارے اندھے راز ہوئے روشن
میں خوش تھا لیکن کچھ زیادہ دیر ہو گئی، دیر ہو گئی
آخر آخر منظر کیا تھا
مجھ کو کچھ بھی یاد نہیں
مجھ کو کیا کچھ یاد نہیں

۱۹۹۲ء

گُم شُدہ کی تلاش

وہ سرتاپا
دیکھنے میں محفوظ اور مکمل تھا
جب تگ و دو کے بعد لیکن
وہ شام کو اپنے گھر کی جانب قدم بڑھاتا
تو اس کو اکثر خیال آتا
کہ اس کا کچھ کھو گیا ہے شاید
شریر کا کوئی انگ
کوئی عزیز
انمول شے کوئی خوب رُو پرانی
متاعِ جاں، کوئی جانا انجانا رشتۂ غم
کبھی یہ ہوتا، وہ دل ہی دِل میں
یا پھر کبھی خانۂ زیاں سے
وہ اپنے شام و سحر کی میزان
جوڑتا، توڑتا، بناتا
تھکن سے جب چور چور ہوتا
تو نیند میں چونک چونک جاتا

اگلا ورق (نظمیں)　　　　بلراج کومل

عجب تواتر تھا اس عمل میں
کہ اس کے اعضار، تمام اعداد تو بظاہر
رہے تھے سالم، مدام، قائم
مگر وہ خود اپنے جسم و جاں کے
وجود کے، اپنے پیرہن کے
شکستہ، واماندہ چیتھڑوں کی
تلاش میں دوُر، اس قدر دُور
اجنبی راستوں پہ ایسے نکل گیا
لوٹ کر وہاں سے وہ آ نہ پایا
جو اس کے اپنے تھے، اس کے دل کو عزیز تھے
روز و شب کے معمول میں
فراموش کر چکے تھے اسے
مگر میں
عجیب سی دلکشی تھی اس میں
تلاش کرتا ہوں، اس کو راہوں میں
جان لیوا، اجڑتے سنگیں اداس موسم میں
خاک و خوں میں
وہ کون تھا؟ میرا کون تھا وہ؟
جو گھر سے نکلا
جو آج تک لوٹ کر نہ آیا

۱۹۹۲ء

اگلا ورق / ۱۱۵

ایک بگڑی ہوئی تصویر

ایک آنکھ پتھر کی اس کی
دوسری میں کالا جادو
تیسری ؟ — ایسا سنتے ہیں
برسوں پر پھیلی اُس کی
گھور تپسیا کا پھل ہے
ٹنڈ منڈ سے جلے ہوئے اک پیڑ کے نیچے
پدم آسن میں
تلنبے سے آکاش سے، یا پھر اپنے آپ سے
گہری بھید بھری سرگوشی میں وہ اکثر باتیں کرتا رہتا ہے
اس کی پیشانی کا ٹیکہ
فاضل قشقہ
اس پنچھی کا فضلہ ہے
جو آوارہ، بھولا بھٹکا
اک دن سوکھے ٹھنٹھ پہ آکر بیٹھا تھا

۱۱۶ / بلراج کومل

گردن سے اس کے لہراتی مردہ سانپوں کی مالائیں
یا تو جٹائیں ہیں اس کی
یا پھر میلی الجھی تصویریں
جو موسم کی زہر آلودہ انگلی نے
اس کے جسم کے اوپر والے حصے پر
کچھ سایوں کی افسوں کاری سے بنائی ہیں

رشتے ہیں، مرنے اور جینے کے رشتے ہیں
وہ دھرتی، آکاش پہ بسنے والے لوگوں
دیووں، پریوں، بھوتوں کا کیا لگتا ہے
آسمان میں بجلی جب کوندے گی، اس پر ٹوٹے گی
ممکن ہے، وہ لب کھولے، کچھ بتلائے
یا پھر اڑتی راکھ کا بادل بن جائے

سنہ ۱۹۹۲ء

سات، دو اور ایک

وہ یہ کہہ کر ہوا رُخصت
یہاں پر سات ہو تُم لوگ
جب تک
قربتوں کی چھاؤں میں
اک دُوسرے کو دیکھ کر
دل کی خوشی محسوس کرتے ہو
یا پھر یہ چاہتے ہو
دُکھ نہ پہنچے اس کو
جو تم میں سے ہر اک کے علاوہ ہے
تمہاری ذات سے
اعمال سے
مجرم ارادے سے
تو پھر یہ سوچنا
خوش بخت ہو تُم
اور
خُدا کا شکر کرنا
جس نے تم سب کو نوازا

اپنی رحمت سے

یہاں اس دشت میں
اب سات میں سے دو ہی باقی ہیں
کھڑے ہیں رُو برُو
خنجر اُٹھائے اپنے ہاتھوں میں
یہاں سے کون بچ کر جائے
اور کون سجدہ ریز ہونے کی
جسارت کا گماں ہوگا؟
کوئی اب کچھ نہیں کہتا
کوئی اب کچھ نہیں کہتا

مَیں منظر سے جُدا ہوں، دور ہوں لیکن
جو مُردہ خور طائر ہیں
وہ سب یلغار میں ہیں
میری جانب، میری جانب اور
سلگتے آسماں میں
خوں میں لتھڑا ہوا سورج
سلگتے آسماں میں
خوں میں لتھڑا ہوا سورج

۱۹۹۲ء

ماں

مری ماں کی
خمیدہ پشت پر
جو بوجھ تھا
وہ ہر نئے دن کے نکلتے ہی
مسلسل بڑھتا جاتا ہے
جو بچے اس نے اپنی کوکھ سے جنمے
مرے بھائی بہن اور سب مرے اپنے
وہ لاکھوں اور کروڑوں میں
حدِ آفاق تک
پھیلے ہوئے ہیں چار سُو
اور دُور تک سڑتے ہوئے
صدیوں کے اپنے ہی گُنہ آلود ملبے کی
ہزاروں گٹھڑیاں
اس نیم جاں پر
لادتے جاتے ہیں ہاتھوں سے

یہ ماں ہے، سوچتے ہیں
صبر سے سب ڈھو کے لے جائے گی آخر تک

یہ ماں
کچھ اس قدر بارِ گراں سے جھک گئی ہے اب
یہ خدشہ ہے
فنا اور اس کے بوڑھے اور خمیدہ جسم کا
باقی محافظ فاصلہ اک روز شاید ختم ہو جائے
مگر ماں ہے
کہ وہ اپنے سفر کے راستے پر
آج بھی رُکتی نہیں ہے
بے خبر سی،
خامشی سے
ہر تھکن سے ماورا
معمول کی رفتار سے
چلتی ہی جاتی ہے..... !!!

۱۹۹۳ء

نوروز

یہ جو گھر ہے، یہاں کچھ پرانے ہیں اور کچھ نئے لوگ ہیں
ان کے انداز کل تک تھے جو، اب وہ باقی نہیں
مَیں سمجھتا تھا مَیں، عمر کے زہر کو آبِ شیریں کی مانند بھی جاؤں گا
دُودھ کا مَیں جلا تو نہیں ہوں مگر ان دنوں چھاچھ کو
ایسے پینے لگا ہوں کہ عادت ہی کچھ خوف کی بن گئی
ایک برسوں پرانا مرا دوست جب رہ گزر کے تلاطم میں مارا گیا
تو مَیں معمول سے کچھ زیادہ ہی پی کر بڑی دیر تک خوابِ غفلت میں سوتا رہا
ننھے مُنّے پڑوسی نے مجھ کو جگایا تو مَیں سوچتا رہ گیا
اس کو یوں دیکھتا رہ گیا جیسے مجرم تھا مَیں

آنے والا برس
گرچہ گزرے برس سے، یہ خدشہ ہے، بہتر نہیں ہوگا، مَیں
پھر بھی گزرے برس کی فسردہ حزیں آخری رات کو
موجِ تاریک میں، رقصِ روشن کی آمیزشوں میں گھرا
حرفِ امید، حرفِ مبارک تمہیں پیار سے پیش کرتا ہوں، تم جو مرے کچھ نہیں اور سب کچھ بھی ہو
رقصِ فردا کے ہنگام میں
عین ممکن ہے تم بھی وہی سب کرو
میں نے تعظیمِ نوروز میں آج تک جو کیا
یا جو احسان ننھے پڑوسی نے مجھ پر کیا

۱۹۹۳ء

سارے موسم بیت گئے

جاڑے کے موسم میں اس کا خط آیا
تو مَیں نے اس کو لکھا تھا
رنگوں ، روشنیوں کی رُت میں
اس سے ملنے
اس کے گاؤں
میں آؤں گا

جس دن میرا خط پہنچا
اس دن اس کے گاؤں میں پہلا قتل ہُوا
قاتل کون تھا؟ کون بتاتا؟
مرنے والا اس کا بوڑھا باپ تھا
کوئی اور نہ تھا

گرمی کے موسم میں اس کا خط آیا
تو مَیں نے اس کو لکھا تھا

ساون رُت میں
اُس سے مِلنے
اُس کے گاؤں
مَیں آؤں گا

جس دِن میرا خط پہنچا
اس دِن اُس کے گاؤں میں دوسرا قتل ہُوا
قاتل کون تھا؟ کون بتاتا؟
مرنے والی اس کی بوڑھی ماں تھی
کوئی اور نہ تھا

ساون میں جب بادل ٹوٹ کے برسا تھا
اس کے گھر کی رانی، اُس کے بیٹا، بیٹی
ایک ہی ریلے میں سب کے سب قتل ہوئے

پت جھڑ کے موسم میں اس کا خط آیا
تو مَیں نے اس کو لکھا تھا
اب کی بار
آنے والے جاڑوں میں
ہر حالت میں
اس سے مِلنے
اس کے گاؤں
مَیں آؤں گا

جاڑے کا موسم بھی آخر آ پہنچا
گھر کا آخری وارث جس دن قتل ہوا
جاڑے کی
دھوپ میں ایسی شدت تھی
پاس پڑوس کے لوگوں نے
تھوڑی دُور کے قصبے سے
برف کا ٹھیلا لاکر اس کی لاش کو
میری خاطر برف کے ڈھیر میں رکھا تھا
شاید میں
اس کو ملنے آجاؤں

اک اک کر کے سارے موسم بیت گئے
میں خالی اسٹیشن پر
سگنل دیکھتا رہتا ہوں
اس کے گاؤں کو جانے والی گاڑی آخر کیوں آئے
وہ مجھ کو خط لکھتے تو کیسے لکھتے
میں لکھوں تو کس کو جھوٹے وعدے کا میں خط لکھوں

اک اک کر کے سارے موسم بیت گئے

۱۹۹۳ء

لہو لہو کپاس

بدلتے موسموں کی سختیوں میں
یا پھر ان کے احترام کی سزا میں
راکھ ہو گئیں تمام صورتیں، شباہتیں
شعاعِ اوّلیں کے ساتھ
موجزن ہوئی تھیں جو
مری صدائے حق میں ایک صبح کو

یہ آخری متاعِ دل
مرے دریدہ دامنِ حیات میں
جو بچ گئی ہے حُسنِ اِتفاق سے
اسے تمہاری نذر کر رہا ہوں آج
تم جو مجھ سے کامیاب تر
عظیم تر
سیاہ کار ہو

یہ ہدیۂ خلوص ہے
اسے قبول کر کے اب نجات دو مجھے
مرے لباس سے
لہُو لہُو کپاس سے

۱۹۹۳ء

بال بھر کا فاصلہ

میں عمر کے نشیب میں ہوں
میرے کچھ عزیز اور رفیق
اپنے اپنے خول میں سمٹ کے
سوچتے ہیں
زندگی سفر تھی گر
تو یہ سفر
اک عام سا شعارِ صبح و شام تھا
کچھ ان میں ایسے لوگ بھی ہیں
جو حدودِ جسم میں
تلاش کر رہے ہیں
آخری وہ فیض
جو وفورِ سیم و زر کی دین ہے

یا پھر کچھ ایسے دُوسرے بھی ہیں
جو ایک خواب ناک
پُر فسوں سی کیمیاوی دھند میں
ہمارے دیکھتے ہی دیکھتے اُتر گئے، بکھر گئے

نشیب تیرگی سے دو جہاں کی روشنی کا فاصلہ
تو صرف بال بھر کا تھا
یہ میں نے کیا کیا کہ میں
اسی لطیف بال بھر کے فاصلے کے جال میں
کہیں اُلجھ کے رہ گیا

۱۹۹۳ء

گریۂ سگاں

جب کُتّے رات کو روتے ہیں
تو اکثر لوگ سمجھتے ہیں
کچھ ایسا ہونے والا ہے
جو ہم نے اب تک سوچا تھا، نہ ہی سمجھا تھا
جو ہونا تھا وہ کب کا لیکن ہو بھی چُکا

یہ شہر جلا
اس شہر میں روشن، ہنستے، بستے گھر تھے کئی
سب راکھ ہوئے
اور ان کے مکیں
کچھ قتل ہوئے
کچھ جان بچا کر بھاگ گئے
جو باعصمت تھیں
رسوائی کی خاک اوڑھ کے راہ گزر پہ بیٹھی ہیں
کچھ بیوہ ہیں
کچھ پابستہ رشتوں کی وحشت سہتی ہیں

کچھ ادھ ننگے ، بھوکے بچے
دن بھر آوارہ پھرتے رہتے ہیں
ہر جانب مجرم ہی مجرم
ان میں سے کچھ ہیں پیشہ ور
کچھ سیکھ رہے ہیں جرم کے فن کے راز نئے ، اسرار نئے

جو ہونا تھا ، یہ سچ ہے ، اس میں سے تو بہت کچھ ہو بھی چکا
لیکن شاید کچھ اور بھی ہونے والا ہے
کتّے تو آخر کتّے ہیں
دن بھر کچرے کے ڈھیروں پر
وہ مارے مارے پھرتے رہتے ہیں
جب رات اترنے لگتی ہے
آنے والے دشمن موسم کی دہشت سے
سب مل کر رونے لگتے ہیں

۱۹۹۳ء

دیمک

گھر میں وہ کچھ ایسے آئی، چُھپکے چُھپکے
چوکھٹ، کھڑکی، دروازے اور پنجرے سارے
کُرسی، میز، کتابیں اور بچّوں کے کھلونے
دیکھتے دیکھتے کر گئی وہ چٹ سب کچھ بس دو چار دنوں میں
دیواروں میں، گھر کی چھت میں
کیا رکھا تھا
وہ بھی آخر ڈھیر ہو گئے
اپنی بنیادوں میں کھو گئے

گھر کے لوگ سلامت ہیں : اعجاز ہوا ہے
لیکن سب کے سب اس غارت گر کے زہر آلودہ
پتّے، شاخیں
اوندھے کے ایسے بیٹھے ہیں مٹی مٹی آکاش تلے اب
اپنے ہی مٹی مٹی گھر کے ملبے پر
اس امّید میں بادل شاید گھر آئیں گے
ان پر بارش کا نورانی چھینٹا دے کر
ان کو روشن کر جائیں گے۔

۱۹۹۲ء

اگلا ورق/۱۳۱

ایک پُرانی تصویر

اس میں شامل لوگوں میں
ایک پُرانا ساتھی ہے میرا
جو مجھ سے مل کر یادوں میں کھو جاتا تھا

اک لڑکا ہے جو ہوا سے باتیں کرتا تھا
وہ پاؤں سے چلنا بھول گیا

اک لڑکی ہے جو لمحہ بھر کو
کھلکھلا کر زور زور سے ہنستی تھی
پھر پہروں رویا کرتی تھی

اک ماں ہے، بادل جیسی ماں
جو چوراہے پر بیٹھی آنے جانے والے لوگوں کو
بھولی بسری اک بات سُنایا کرتی تھی

اِک برگد ہے

۱۳۲ / بلراج کومل

جو عمر کی دھوپ میں سُوکھ سُوکھ کے ٹُنڈ ہُوا
جب جلنے لگا تو جل کر راکھ کا ڈھیر ہُوا

اک ننھا منا بچہ ہے
جس کے سارے کے سارے کھلونے ٹوٹ گئے

اک مَیں ہوں جو
سڑکوں کی امڈتی بھیڑ میں اپنے گھر کا رستہ بھُول گیا

پس منظر میں
اک پھول ہے جس کا کوئی بھی اب نام نہیں
جس کی خوشبُو کی کوئی بھی پہچان نہیں

اک خواب ہے رنگوں میں سویا
کل چلا تو سب کے ساتھ چلا
اب ایک اپاہج جیسا ہے
اب لاٹھی ٹیک کے چلتا ہے
اور خون سے لتھڑی راہوں پر
تنہا تنہا
ہر وقت بھٹکتا رہتا ہے

۱۹۹۴ء

سُرخ بادل

تمہارے چار سُو
اک سُرخ بادل
سُرخ بادل سے برستی
تیز بارش
یہ کہاں کی؟ کیسی بے موسم سی بارش ہے!
برستی جارہی ہے، بے تکاں، بے روک، مُتواتر، مُسلسل
کون ہو تم اور کیوں ہو؟
پیر بن سے کیوں ہوئی آزاد تم
اس خاک رسوا پر
اور اب اپنا لہو پہنے ہوئے
تم ہنس رہی ہو، گا رہی ہو
رقص کرتی جارہی ہو
عالمِ وارفتگی میں
کیفِ نامعلوم میں
شاید گزر ہوگا تمہارا

اجنبی راہوں سے
اَن جانی، زمینوں، آسمانوں
نیم روشن زرد بانوں سے
مسافت کی اگر ممکن ہوئی
وہ انتہا جو ماورائے قید منزل ہے
تو تم اس انتہائے نور کے سب راز
اپنے ساتھ لے کر
سرخ بادل میں ہی ڈھل جانا
یہاں بے بال و پر تشنہ لبوں کا ایک
انبوہِ فراواں
دور تک پھیلا ہوا ہے
ہو سکے تو آنے والے موسموں میں
ایک دن تم اس طرف آنا
اچانک ٹوٹ کر ان پر برس جانا

۱۹۹۴ء

آگ

آگ پی
آگ جی
آگ پڑھ ، آگ لکھ
آگ کے راستے پر نکل
تیرے سینے پہ صدیوں سے جلتی ہے یہ
آج اس آگ کو اپنی آنکھوں میں بھر
اپنے ہونٹوں پہ لا
تیز تر اس کو کر
اس کو شہروں میں
گلیوں میں
نادار ، اُجڑی ہوئی بستیوں میں
پریشان ، مجبور ، بے بس
دلوں میں جلا
باقیاتِ منافق کے مسموم انبار کو آگ میں جھونک دے
وہ جو چلتے ہوئے راہ میں منجمد ہو گئے
گرمیٔ لمس کے حسن اعجاز سے
ان کو اک بار پھر آج سیال کر

ان کو یخ بستگی کے سلاسل سے آزاد کر
ان میں اک بار
آرزوئے مسافت جگا
وہ جو تازہ قدم ہیں انھیں لے کے چل
بھسم ہونا ہے تجھ کو سلگتی ہوئی آگ میں ایک دن
اس سے پہلے یہیں پر
اسی خاک پر
سب خرابوں کو آباد کر
دور و نزدیک
زندہ و روشن
فلک بوس
اور خواب قامت
الاؤ سجا
موت سے قبل جینے کے سچے کھرے
آگ کے والہانہ و وارفتہ انداز میں آج بھی
آگ کے جشن میں
آگ کا رقص کر
آگ کا گیت گا

۱۹۹۴ء

مُقدّمہ

مقدمہ چل رہا ہے
برسوں سے اک عدالت میں
یا کسی دوسری عدالت میں
جب یہ دائر ہوا تھا پہلے پہل
تو یہ عام سا وہ دیوانی مسئلہ تھا
جسے فریقین شغل کی طرح مانتے تھے
ذرا سی تکرار ، ہاتھا پائی سے
درمیانِ سفر
جونہی بن گیا تھا یہ شغل ــــ فوجداری
کچھ التوا بھی ہوا تھا شاید
چلی کئی روز گفتگو
پیروی
نئے مشوروں کی قیمت ادا ہوئی
اور معاملہ رہ پہ آ گیا ایک بار پھر سے

۱۳۸/ بلراج کومل

مگر کچھ ایسا عجیب سا اتفاق تھا
وہ جو شے تھی جس کا تھا نام تاریخ
وقت بے وقت
خود کو دہرایا کی برابر
فریق
ان کے وکیل
منصف
عدالتوں کے
بڑے یا چھوٹے تمام پرزے
یا گھس گئے
یا زوالِ جاں سے پہنچ گئے
ان کی ایک کے بعد دوسری نسل آئی
آکے چل گئی
ایک اور آئی
عدالتوں کی عمارتیں
موسموں کی یلغار میں
شکستہ و زخم زدہ ہو گئی تھیں
اور پھر عدالتیں
ایک روز
ایوانِ نو میں جب منتقل ہوئیں
تو یہ شور اٹھا
کہ اب تو انصاف کو
نیا گھر، وقار اور شان مل گیا سب
برہنہ سر اور برہنہ پا تھے فریق لیکن

نیاز اور نذر سے
گنگناتے وہ در رہے مسلسل
جو عدل و انصاف کا تھا
لیکن کبھی نہیں آج تک کھلا تھا

وہ فیصلہ جس کو آج ہونا تھا
فیصلہ وہ نہیں ہوا ہے
برس گزرتے رہیں گے
اور التوا کا اندھا سفر بھی جاری رہے گا برسوں
مقدمہ
میرا مجھ پہ ہے
تیرا تجھ پہ ہے
اس کا اس پہ ہے
اور چل رہا ہے

۱۹۹۵ء

پرچم سرنگوں

لوگوں کے بے پایاں ہجوم
اُمڈے چلے آئے ہیں آج
ہر سرکاری ایواں کے
چاروں طرف
پھیلا ہوا ہے دُور دور تک اک شوریدہ جمِ غفیر
سب کی نظریں اس لمبے مستول پہ ہیں
جو قومی پرچم کا اور قومی تعظیم کا بار اُٹھانے کی خاطر
ہر سرکاری ایواں پر
قانوناً
نصب کیا جاتا ہے، ساری دنیا جانتی ہے

کل کی شام اور آج کی صبح کے وقفہ میں

ٹی وی ، ریڈیو یا اخبار میں
کسی بھی اعلیٰ سرکاری یا سیاسی ، ملکی بین الملکی
شخصیت یا قائد کی
فطری یا پھر ایکا ایکی رحلت کا یا قتل کا اور
رسمی ، ماتمی ، دستوری ، پوری ، آدھی ، یا چوتھائی تعطیل کا گرچہ کوئی بھی اعلان نہیں
کوئی بھی افواہ نہیں
سوچ رہے ہیں لوگ :
ہوا تو کیسے اور اچانک ہوا یہ کیوں ؟

سب سرکاری ایواں پر
قومی پرچم سوگ میں ڈوب گئے
کیوں ہو گئے یہ آج نگوں ؟

۱۹۹۵ء

جشن

آخری روشنی برق رفتار تھی
مَیں تعاقب میں تھا
جسم میں ، ذہن میں
میرے جو کچھ بھی تھا
اس کو سعیٔ مسلسل سے میں
اپنی ٹانگوں میں اور پاؤں میں
جذب کرتا گیا
اپنے مقدور کی انتہا تک گیا
ایکا ایکی مرے سامنے آگ روشن ہوئی
مَیں نے دیکھا اسے
ایک دن تو مجھے بھسم ہونا ہی تھا

اگلا ورق ۱۴۳

لمحہ بعجت میں
جانے کیوں میں مگر
خواب میں ڈھل گیا
جو گرا آگ میں
وہ مرا جسم تھا
یا گُلِ خواب تھا
کون کِس کو بتائے گا کیا ؟
جشنِ مقدور کے رقص میں
اب فقط آگ ہی آگ تھی
آگ سرگشتہ، وارفتہ جلتی رہی

۱۹۹۵ء